中国社会保障改革の衝撃

自己責任の拡大と社会安定の行方

編……大塚正修
　　　日本経済研究センター

keiso shobo

はじめに

　中国は1990年代央から，社会保障制度を社会のセーフティネットとして重視するようになった。これは80年代の経済改革が国民大多数の利益に繋がっていたのに対し，90年代央以降，改革が国民に負担を強いるようになり，また，このようななかで社会各層の利害の相克が明確になってきたことによる。たとえば，企業改革は企業を単なる生産現場とみなし経営権を国が握っていた国営企業の分権化として始まり，その後，経営と所有の分離を目指す国有企業改革へと変化してきた。このようななか，企業への分権化・経営権の段階的な委譲時における経営の失敗が，企業の過剰な余剰人員・競争力の乏しい設備の累増・銀行への膨大な債務の累積をもたらしてしまった。そして，設備過剰と銀行の不良債権処理の必要性が明らかとなってきた90年代央以降，中国は企業のリストラクチャリング・企業の閉鎖といった事態を避けて通ることはできなくなってしまった。労働模範として表彰された労働者の多くもリストラの対象となっている。

　また，農村部の生産体制改革（生産請負制の実施）・農産物の省外移動の許可・郷鎮企業（農村部企業）の育成といった経済改革は，当初，農村部の所得上昇に役立った。しかし，80年代後半から徐々に農村と都市の所得上昇格差が拡大，さらに90年代央からは財政上の困難から農産物の買取価格の引き上げが難しくなり，農産物過剰といった事態も生まれる。また，設備過剰のなかで郷鎮企業間の成長格差が大きくなり，結果として沿海部を除き農村財政は悪化をはじめる。そして，香港では白沙洲著『中国二等公民―当代農民考察報告』（明鏡出版社，2001年9月）といった本まで出版されるようになる。このように，企業の職員・労働者，農民が生活不安のなかにあるのに対し，党・政府公務員，国有・民間企業経営者，政府に認定された高度な専門技術者といった人口の10％弱を占める人々は生活に何の憂いもない。

　朱鎔基首相は2002年3月の第9期全国人民代表大会第5回会議における政府

活動報告のなかで，好調な経済発展，都市・農村住民の生活改善，都市住民に対する社会保障制度の整備と改革の成果を口にしながらも，経済・社会生活で早急な解決を必要とする分野が多いことも認めざるをえなくなっている。解決すべき分野とは，農民の収入の伸びが低く，一部地域で収入が減少していること，一部の職員・労働者の生活が苦しく，給与の遅配があること，就職難が加速していることなどであり，低収入群体（低所得者層），弱勢群体（弱者グループ）への支援の必要性を認めている。全国人民代表大会での話題の中心は，世界貿易機関（WTO）加盟への対応，民営経済の発展といったことだけでなく，弱勢群体の支援，農民収入の増加，社会保障制度の整備といったことも話題の中心となった。低収入および弱者を「群体」として認めざるをえなくなったのは，2000年から，これらの人々が沈黙しなくなり，発言・行動が徐々に活発化していること，WTO加盟で弾みがつく産業構造の転換にともないレイオフされる労働者や失業が増加しかねないといったことによる。

　日本は，隣国である中国の社会保障制度が「声をあげ始めた群体」に対しセーフティネットとして本当に役立つのか注目しておかなければならない。また，社会保障制度の普及は経営コストにも大きな影響を与える。中国では外資系企業すべてが統一された社会保障負担を負っているわけではなく，なかには，負担を免れている例もあるからである。社会保障制度が完全に実施された場合，これまで負担を免れていた企業も賃金引き上げ・社会保険料の支払い・社会福利費用支払いなどで総労働コストが40％以上増加することになろう。中国政府は都市部を中心に基本年金，失業保険，医療保険，企業年金といった分野で法整備を進めているが，その参加率は必ずしも高くなく，参加率の引き上げは極めて重要な施策となっているからである。

　本書は中国の社会保障制度改革の持つこのような影響を考慮し，社会保障制度改革の歴史と現状の紹介といったことだけではなく，社会保障管理情報システムの整備，社会保障制度の持つ欠陥，たとえば，社会保険の赤字などの各種問題点とその改革の方向，増大する社会不安と社会保障，企業に対する影響といった分野について日中の研究者の共同研究成果をもとに構成したものである。また，中国から見た日本の社会保障制度の評価とそれに基づく中国の社会保障制度批判も論文として掲載した。日本に対する高い評価に問題はあるものの，

日中の政治体制の違いを考慮すると極めて興味深い論述である。

　この共同研究は外務省の日中知的交流支援事業の一環として2001年7月から2002年3月まで「中国の社会保障制度改革の課題と展望」をテーマに実施された。共同研究は専門家の執筆によるため社会保障制度に関わる事項であっても中国で一般に既知の事実については説明していない。このため，論文中に多くの説明および最新情報を補足した。研究者の論旨を生かすための挿入と御理解頂ければ幸いである。日中の共同研究のメンバーは以下のとおりであり，本書構成の各執筆者（肩書は執筆当時）は目次に記したとおりである。

〔日本側〕
鮫島敬治（日本経済研究センター客員研究委員）
大塚正修（野村総合研究所主席研究員）
尾崎春生（日本経済研究センターグローバル経済研究部長）
李　粹蓉（野村総合研究所アジア経済研究室主任エコノミスト）
藤田桂子（東京海上火災保険国際部中国室副参事）
鈴木　亘（日本経済研究センター研究開発部研究員）
周　燕飛（国立社会保障・人口問題研究所客員研究員）
李　為民（日本経済研究センター中国社会保障問題研究チーム）

〔中国側〕
鄭　秉文（社会科学院欧州研究所副所長）
馮　昭奎（中国全国日本経済学会副会長）
師　継承（労働和社会保障部社会保険研究所副所長）
劉　燕生（労働和社会保障部社会保険研究所養老室主任）
史　寒冰（社会科学院世界経済研究中心特邀研究員）
崔　少敏（労働和社会保障部社会保険研究所副研究員）
雷　燕黎（国家電力公司人力資源部工資保険処処長）
黄　文清（国家電力公司社会保険事業管理局主任経済師）

2002年9月

大　塚　正　修

目　　次

はじめに

第1章　中国の社会保障制度 …………………………………………3

第1節　社会保障制度の歩み ………………………………劉燕生……3
1．社会保険　3
2．その他の社会保障　27
3．中国農村の社会保障　32

第2節　中国の社会保障制度の特徴　……………大塚正修・李粋蓉……37
1．遅れた農村部社会保障　37
2．地方財政に依存してきた社会保障　41
3．誰のための社会保険基金　51
4．差の大きい幹部と非幹部の待遇　53

第3節　労働社会保障管理情報システムの整備 ……………大塚正修……54
1．労働社会保障管理情報システム　54
2．社会保障カード　58

第2章　社会保障制度の問題点と改革の方向 ……………………61

第1節　現行制度の問題点と探究 …………………………劉燕生……61
1．現代社会保障制度の問題点　61
2．現在中国が行っている社会保障制度改革の重要な探究　67

第2節　基金とその財務状況 ………………………………崔少敏……74
1．社会保障基金の構成および基本的状況　74
2．社会保障基金に影響するリスク要素分析　75
3．中国の社会保障基金のリスク防止措置　80

第3節　社会保障と資本市場の育成 …………………………崔少敏……85
　　1．資本市場に対する年金改革の影響　85
　　2．年金基金の資本市場進出の実行可能性　86
　　3．年金基金の投資リスクおよび防止措置　90
　第4節　企業年金制度 ………………………………………劉燕生……92
　　1．企業年金制度発展の背景　93
　　2．中国の企業年金法の立法についての構想　97
　第5節　第10次5ヵ年計画の就業環境 ……………………劉燕生……99
　第6節　医療制度と医療費：都市職員・労働者の医療保険
　　　　　　　　　　　　　　　　　　　　………鈴木亘・李為民……102
　　1．旧制度と改革の背景　102
　　2．医療保険制度改革　105
　　3．現行の医療制度　107
　　4．医療制度改革の効果についての計量的分析　122

第3章　中国社会と社会保障制度改革 …………………………………129

　第1節　社会の安定と社会保障 ………………大塚正修・李粋蓉……129
　　1．社会の不安定化　129
　　2．労働市場の自由化と労働需給の将来　132
　　3．リストラ労働者および退職者の生活　136
　　4．農民からの費用徴収の廃止　140
　　5．社会保障への財政資金の投入　142
　第2節　企業経営から見た中国社会保障改革 ………………藤田桂子……147
　　1．企業の社会保障負担の変化　147
　　2．企業の社会保険負担率　153
　　3．企業年金制度　156
　　4．日本企業から見た中国社会保障制度　157

第4章　日本の経験と中国社会保障体制の整備 …………………161

第1節　中国から見た日本の社会保障制度の特徴と改革 …… 史寒冰……162
　　1．日本の社会保障制度の若干の特徴　162
　　2．日本の社会保障制度の問題と改革　167
第2節　日本の制度から見た中国に対する若干のヒント …… 史寒冰……171
　　1．社会保障の立法問題　171
　　2．社会保障の政策決定体制と管理体制　173
　　3．社会保障の財政構造　173
　　4．社会保障体系の平穏な運営の問題　175
　　5．重点の明確化と社会保障への加入拡大　176
　　6．多階層の社会保障体系の確立　177

補　労働および社会保障事業発展についての第10次5ヵ年計画（要約） ………………………………………………………183

　　1．「第10次5ヵ年計画」の現況　183
　　2．「第10次5ヵ年計画」の指導的考え方と主な目標　185
　　3．「第10次5ヵ年計画」期間における主要な政策と対策　187
　　4．支援と保障　195

索　引 ………………………………………………………………199

BOX	··大塚正修
ＢＯＸ１	社会保険から個別企業保険への後退　4
ＢＯＸ２	年金資金の社会徴収と多元的年金制度　6
ＢＯＸ３	基本年金保険の仕組み　7
ＢＯＸ４	２００１年末の年金参加者　9
ＢＯＸ５	調整金制度　10
ＢＯＸ６	中国の雇用制度　15
ＢＯＸ７	レイオフと失業　22
ＢＯＸ８	急増する都市最低生活保障対象　26
ＢＯＸ９	中国の戸籍制度　33
ＢＯＸ10	中国の予算体制と行政区画　45
ＢＯＸ11	税費改革とは　47
ＢＯＸ12	労働社会保障の新推計　80
ＢＯＸ13	納付支出制度の変更　81
ＢＯＸ14	全国社会保障基金と国有株の放出　83
ＢＯＸ15	企業年金制度の研究　99
ＢＯＸ16	医療費の支給と国営企業経営　106
ＢＯＸ17	薬価の引き下げ　120
ＢＯＸ18	複雑な管理と情報システムの構築　121
ＢＯＸ19	農民の支払い負担　140
ＢＯＸ20	市場環境の悪化　143
ＢＯＸ21	省別の社会保険料率（１９９８年ベース）　155

中国社会保障改革の衝撃
――自己責任の拡大と社会安定の行方――

第1章　中国の社会保障制度

第1節　社会保障制度の歩み

　中国の社会保障制度は建国直後の1950年代初期に開始されたもので，都市部では社会保険，社会福利，社会救助，社会優待と身障者保護によって構成されている。農村では都市部より早く，建国前の開放地区における地域集団による貧困家庭に対する相互生活扶助制度としての五保戸（食・衣・燃料・教育・葬式の5つを保障），合作（協同）医療を嚆矢とし，その後，80年代後半になって一部の経済が比較的発達した省において実験的に農村年金制度が開始されるようになった。

1．社会保険

　都市部の社会保険は，大きく基本養老年金保険（以下，基本年金または年金），失業保険，医療保険，工傷（労災）保険，出産育児保険の5つで構成されている。

(1)　養老年金保険

　中国の年金制度は1951年に開始されたもので，主として都市部の企業の職員・労働者をカバーするものだった。当時の「中華人民共和国労働保険条例」によれば，社会保険事務管理機関が職員・労働者の賃金総額の3％を労働保険基金として積み立てるとともに，これを全国的範囲で調整・使用してきた。一方，国は1955年に政府（党を含む）および政府事業単位（日本における特殊法人的なもの）職員の年金制度を定めた。そして，1958年に当時の実際の状況に基づき，企業と政府・事業単位の2つの年金制度について，その条件を適当に

緩和し，待遇基準を引き上げることを柱に統一規定を定めた。この規定は20年間そのまま放置された後，1978年に「労働者の退休・退職に関する国務院の暫定規定」と「老弱・病気・障害を持つ幹部の生活保障に関する国務院の暫定規定」が新たに制定された（BOX1）。

中国が1979年に経済体制の改革を行って以後，政府は年金制度に存在する

BOX1　社会保険から個別企業保険への後退

　1951年に公布された「労働保険条例」は養老年金だけでなく，労災・疾病・死亡・出産生育のすべてを対象とするもので，対象企業は国営企業（当時は国が経営権を持つため国営企業と標記，現在は国が所有権を持つ国有企業）だけでなく，当時存在していた公私合営・私営・合作企業など，職員・労働者100人以上のすべての企業を対象としていた。また制度上失業は存在しないため失業保険は含まれていなかった。職員・労働者に保険料の納付義務はなく，企が賃金総額の3％を納付していた。社会保険事務管理機関は工会（労働組合）が担当し，工会の全国組織である中華全国総工会が保険基金の収支を全国範囲で調整することになっていた。もちろん，条例公布時および条例の修正が行われた1953年当時，全国調整が行われていたわけではなく，徐々に全国ネットが作られ，社会保険（国民保険）として機能するようになった。

　しかし，1966年に始まる文化大革命のなかで，条例は存在するものの社会保険としての制度は崩壊し，非国営企業は国営企業化または集団企業化され，1969年には各企業をベースに独自に社会保障を行う「企業保険」へと変質してしまった。個々の企業をベースとするため，企業の設立年時が古い企業は多くの年金対象者を抱え，一方，新規設立企業は年金対象者が少なく生産コスト上の格差が生まれる。もっとも，当時の企業は国が経営する生産の現場（国営企業）にすぎず，利益や減価償却費はすべて政府に吸い上げられており，格差が企業経営上大きな問題とはならなかった。しかし，中国が改革・開放政策を採用し，国営企業の経営自主権を拡大するに及び，このような問題を等閑にすることはできなくなってきた。80年代に入ってからの改革は個別の企業ごとに行われていた制度を社会保険化するところから開始されており，したがって，まず保険費用を企業から徴収する制度（社会徴収制度）を確立することから始められた。なお，年金等の支給を個別企業が行っていた制度を銀行や郵便局を通じて行う制度へ変更することも中国では社会化という表現を使う。

弊害に対して一連の改革を実施した。改革とは，主として年金費用の社会統一徴収の実施，労働契約制労働者年金制度の確立，年金基金の国・企業および個人の三者による負担の実施，年金費用の個人納付のメカニズムの導入，国家基本年金・企業補充年金（後に企業年金に改称）・個人貯蓄性年金といった多元的な年金体系の確立，国家基本年金における社会統一徴収と個人口座を結合した制度の実行といったものである。これら改革は次のとおり実施された。

まず1984年に，広東，江蘇，遼寧，四川などの省の少数の市・県が退休（一般退職）費用の社会徴収を試験的に開始，これによって中国の社会保険制度改革が本格的に始まった。その後，国有企業と大部分の都市部集団企業で年金資金の社会徴収が行われ，また，年金費用の個人費用納付制度が実施された。1995年末現在，全国の国有企業は市・県級での社会徴収を実現し，そのうち13の省，自治区，直轄市が省級での社会徴収を実行していた。集団企業の年金費用社会徴収は2,000余の市・県で行われ，外資企業の年金費用社会徴収は761の市・県に達している。

一方，業種別の年金は，1986年から1993年にかけて，国の関係部門の承認を経て水利部，電力部，鉄道部，郵便電信部，中国建築工程総公司，交通部，中国人民銀行，民用航空総局，石油天然ガス総公司，有色金属総公司などを含む11の業種の傘下企業が年金費用の社会徴収を実施した。

1986年，中国は新たに労働契約制度を導入し，労働契約制労働者の年金制度を確立し，労働契約制労働者が本人の基準賃金の3％を納付することを規定し，過去の国と企業によって負担される方法を改めた。これが中国の社会保険制度における最初の個人費用納付制度となった。

1991年6月，国務院は「企業職員・労働者の年金制度改革に関する決定」を公布，年金は社会徴収を実施し，費用は国・企業・従業員の三者が負担し，従業員個人は本人賃金の3％を年金保険料として納付し，基金の一部を個人の積立とするとともに，国家基本年金，企業補充年金と個人の貯蓄性年金を結合した多元的な年金体系の確立へと歩み出した。

1993年，中国共産党第14期第3回中央委員会総会は年金・医療保険制度の改革を「社会徴収と個人口座を結びつける」方式で実行すると明確に提起した。これは中国の年金制度改革において画期的な決定である（ＢＯＸ２）。

> **BOX2　年金資金の社会徴収と多元的年金制度**
>
> 　中国は改革を行う時，特定の地域・特定の分野で試行（実験）し，その成果をみて本格的に導入することが多い。年金でもこの方式が採用されており，1984年から始められた実験は特定の地域で，これまで企業が個別に行っていた方式を地域的に統一しようとする試みである。この時，保険料を集める行為を地域的に開始すること，企業ごとに異なってしまっていた保険料率を統一すること，保険料を集めて作られる基金をどの行政レベルに設置するか，基金の過不足をどの地域範囲で調整するかなどを逐次統一していくことになる。まず，1984年に最初に実施されたのは保険料を社会的に徴収するということにすぎなかった。1986年から実施されたのは11の業務主管部門が傘下の国有企業で年金制度を統一しようとする試みである。したがって，ある地域で年金制度の統一努力が行われていても，その地域に存在する11の業務主管部門傘下の企業は，その地域の制度統一の枠組みに入っていないことになる。

　1995年3月，国務院は「企業職員・労働者の年金制度の改革を深化させることに関する通達」を公布し，「社会統一徴収と個人口座の結合」が中国の都市企業職員・労働者の基本的な年金制度改革の方向であることを一層明確にした。文書は，年金制度改革の目標を今世紀末までに，社会主義市場経済体制の要求に適応すること，都市の各タイプの企業の職員・労働者と個人労働者に適用すること，資金源が多くのチャネルにわたり，保障方式が多元的で，社会徴収と個人口座が結合した，権利と義務が相対応する，管理サービスが社会化された年金体系を基本的に確立すること，と規定した。これより，全国の年金制度改革業務は新たな段階に入り，各省・直轄市は国務院の規定が推薦する2種類の試験的方法に基づき，年金保険改革の試験業務を全面的にスタートさせた。しかしながら，実際の運営においてはほとんど地区ごとに違う方法を行う有様であった。こうした状況は地区間の年金水準の違いと相互の競争を招くようになり，中央政府はこれを管理・調整するのが困難となり，職員・労働者の地区を越えた流動も困難となってしまった。

　こうした状況に直面して，国務院は1997年7月16日，「企業職員・労働者の統一した基本年金制度を確立することに関する決定」を公布し，制度統一の問題

第1章 中国の社会保障制度

を解決した。制度統一の要点は次のとおりである。職員・労働者賃金の11%を基準に年金個人口座を確立した。そのうち個人の納付は8%とし（4%からスタートし、2年ごとに1ポイント引き上げ、徐々に8%とする）、企業納付から個人口座に繰り入れる部分は3%とする。企業納付（個人口座に繰り入れる部分を含む）の負担率は20%を超過してはならない。年金の支給は2つの部分に分ける。1つは基礎年金で、その基準は職員・労働者退職時の現地の社会平均

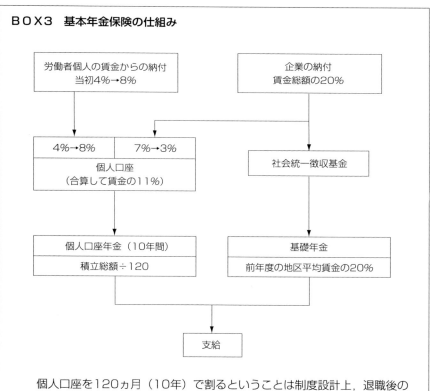

BOX3 基本年金保険の仕組み

個人口座を120ヵ月（10年）で割るということは制度設計上、退職後の平均余命を10年と考えていたことになる。

2001年からの新しい実験では企業の納付分からの個人口座への繰り入れ3%は廃止された。このため個人口座は借金の11%分から8%分になり、社会統一徴収基金は17%から20%に変更される。

賃金の20％とする。もう1つは個人口座年金で，その基準は個人口座累計額を退職職員・労働者の平均余命月数（120）で割ったものである（BOX3）。

この他，経済の発展水準と在職職員・労働者の賃金増加状況に基づき，年金の調節メカニズムを確立した。これは年金制度改革のもう1つの重大な措置である。

制度の統一を目指した政策を発表した1997年末現在，企業退職者は2,533万人で，全国で基本年金に加入した企業の職員・労働者は8,671万人に達し，企業職員・労働者総数の90％，企業退職者総数の98％以上を占めている。年間の企業職員・労働者基本年金収入は1,337億9,000万元，支出は1,251億3,000万元で，この年の残高は86億6,000万元，この年までに繰り越されてきた残高は682億9,000万元であった。この他，企業補充年金，個人貯蓄性年金・商業年金のいずれも一定の発展が見られ，基金の積立はそれぞれ数十億元あった。

1998年，中国共産党中央・国務院は年金業務を重視する姿勢を示し，5月と7月に「国有企業レイオフ職員・労働者基本生活保障及び再就業工作会議」と「全国年金保険と再就業サービスセンター建設工作会議」を開催し，「国有企業レイオフ職員・労働者の基本生活保障と再就業業務を立派に行うことに関する中国共産党中央・国務院の通達」を公布，8月には，「企業職員・労働者基本年金の省級徴収の実行と業種別徴収を地方管理に引き渡すことに関連する問題についての国務院通達」を公布した。こうした一連の重大会議の開催と重要政策・措置の登場は，年金事業の発展を力強く推進し，以下の目標が実現した。1つには企業退職者に対する期限どおりの，十分な額の支給保障を基本的に実現した。2番目は業種別に実施されていた保険費用徴収が地方の管理に引き渡された。「まず先に引き渡してその後で調整する」という原則に基づき，大量の困難できめ細かな準備作業を経て，11の業種の統一徴収部門に所属する2,000余の企業の年金業務が期日どおりに各省・区・市の管理に引き継がれ，長年存在していた業種と地域による徴収といった矛盾を解決した。3番目は省級徴収が推進されたことである。1998年末現在，全国で27の省，自治区，直轄市が年金の省級徴収を実行するかまたは省級調整金制度を確立した。4番目は全国の企業職員・労働者基本年金制度を統一するという目標が基本的に実現し，28の省，自治区，管轄市が統一した社会徴収と個人口座を結合した年金制度の運営を行

表1-1　2000年末年金加入者数　　　　　　　（単位：万人，％）

総計	企業	政府・事業単位	その他	合計
加入者数	9,124	978	346	10,448
構成比	87.33	9.36	3.3	100.0

（出所）　社会保険センター『中国社会保険年鑑』2001年。

っている。5番目は年金の全額納付・全額支出，管理規定の整備と社会化支給などの諸項目の改革がいずれも重要な進展を収めた。

なお，2000年12月末現在の年金統計データは次のとおりである。

① 全国で基本年金に加入している在職職員・労働者は1億488万人に達し，全国で基本年金を受領した退職者は3,170万人である（表1-1）。

② 全国で徴収された基礎年金は2,278億元，支出年金額は2,115億元，年金累計残高は947億元である。

③ 都市基本年金はチベットを除いてすべての省級徴収を実現するとともに，省級調整金制度を実施している。

④ 銀行・郵便局から支給された企業退職者年金の受領者は2,756万人で，これにより社会化支給年金は92％に達し，1999年に比べて44ポイント高くなった。

⑤ 企業年金制度がカバーした都市職員・労働者は560万人で，全国の企業年金基金残高は192億元となっている（BOX4）（BOX5）。

BOX4　2001年末の年金参加者

全国年金参加人数	1億630万人	前年比 1.75％増	（2002年6月末1億567人）
うち企業職員・労働者	9,209万人	〃　　0.93％増	（同9,033万人）
全国年金参加退職者人数	3,346万人	〃　　5.55％増	（同3,418万人）
うち企業退職者	3,162万人	〃　　5.01％増	（同3,231万人）
年金支給額	2,054.1億元		
うち中央財政補助	342億元		

（出所）労働和社会保障部新聞発布会材料，2002年2月6日・7月26日。

> **BOX5　調整金制度**
>
> 　年金だけでなく，医療保険など各社会保険で徴収された保険費用は各々の保険で地区ごとに設立された基金に集められ，これを社会保険事務管理機構が管理する。年金基金の場合，古い工業地帯では退職者に対する年金支出が多く，基金に不足が発生することになる。このため省全体で基金の過不足を調整するといった制度が作られており，これを調整金制度という。仮に，この調整が省全体で実施されていれば省級調整金制度ということになる。中国では経済権限で省と同じ権限を持つ計画単列市があるが，これらは省級調整に加入していないことがある。計画単列市は経済管理で使用される投入・産出表上に個別の計画枠（列）を単独で与えられている。大連・青島のような計画単列市は一般に経済発展が早く，基金の財務内容が良いため，資金を赤字基金に使用されることを好まない。

(2)　医療保険制度

　中国の伝統的な医療保障制度は主として国営企業の職員・労働者に対する労働保険療制度と政府機関・政府事業単位の職員に対する公費医療保障によって構成されていた。この制度も50年代初期に開始されたものである。1951年，中央人民政府は，「中華人民共和国労働保険条例」を公布，これにより国営企業単位の労働保険医療制度が定められた。本条例は，労働保険医療を享受する対象をまず全人民所有制企業，都市の一部集団所有制企業の職員・労働者および退職者から始めた。労働保険医療は企業が自ら管理し，経費は企業のコスト項目である職員・労働者福利基金が負担した。さらに，1952年，中央政府は「全国各級人民政府，党派，団体及び所属事業単位の国家工作人員に公費医療と予防を実行することに関する指示」を公布，これにより中国の公費医療制度が確立された。公費医療を享受する対象は主として国家機関，事業単位の職員と退職者，大学在校生および故郷に戻った２等乙級以上の革命に参加した障害軍人である。公費医療の経費は国家財政による支出で，行政クラスごとに分けて管理・使用された。

　労働保険医療制度と公費医療制度が提供する医療の項目は各被保険者の待遇

の基準とほぼ一致しており，主として疾病，自己の責任によらない傷害，工（公）傷，職業病，出産育児，計画出産手術などが含まれていた。

1997年末現在，全国で公費・労働保険医療を享受した職員・労働者は1億4,558万4,000人で，退職者は3,323万人3,000人を数えた。年間の医療費支出は773億7,000万元で，全国の衛生総費用の31.2％を占めた。これはその年の賃金総額の6.65％，その年のGDPの1.03％にあたり，1人当たり平均医療費支出は430元であった。

公費・労働保険医療制度は職員・労働者の健康を保障し，社会の安定を守り，経済発展を促進するなどの面において積極的な役割を果たしてきた。しかし，80年代に入ってから，中国の改革・開放にともない，この種の制度は社会，経済発展の要求に適応しなくなり，改革しなければならなくなっていた。

1984年から1993年にかけて，医療保険改革の面において主として2つの改革が行われた。1つは医療保険の費用を個人が分担するメカニズムの導入で，公費・労働保険医療費用を個人の収入とリンクさせる方法を全国で実施し，医者にかかる時に個人が一部の医療費を適当に負担するようにした。具体的には医療費定額請負が実施された。2番目は社会徴収のメカニズムを導入したことで，一部の省・直轄市は退職者医療費の社会徴収と職員・労働者の大病医療費の社会徴収を試みた。1987年，北京市の東城・西城区の野菜公司が大病医療費の徴収を実験，良好な成果を収めた。

1989年，国は四平，丹東，黄石，珠洲を医療保険制度試験都市として承認した。そして，1994年3月より，国家体制改革委員会，財政部，労働部，衛生部は「職員・労働者医療制度改革実験に関する意見」を共同で制定した。この意見に基づき国務院の承認を経て，江蘇省鎮江市，江西省九江市において実験が行われ，社会徴収と個人口座を結びつけた方式が初めて医療保険制度に導入されるとともに，労働保険医療と公費医療の改革も同時に実施された。2年余の実験を経て，改革は一定の成果を収め，従来の制度に欠けていた各種の問題点，たとえば，医療経費調達上の問題，個人積立の問題および保険対象範囲が狭いといった問題，管理とサービスの社会化の程度が低いなどの弊害を比較的うまく解決できた。

「両江」（鎮江・九江）モデルの他に，一部の地方はその他の形式を模索した。

たとえば北京，武漢の「大病社会徴収」方式，上海の「総量コントロール，構造調整」方式および海南，深圳のモデルなどである。

「両江」の試験を基礎として，1996年4月，国務院はさらに58の都市を選び，医療保険制度改革を拡大した。この実験を通じて，社会統一徴収と個人口座を結合させた職員・労働者基本医療保険制度を確立することが中国の国情に適合しており，改革の基本的な思考の道筋と基本的な原則にとって正しいことが証明された。同時に，実験を通じていくつかの重要な矛盾と問題も明らかとなった。これら問題は次のとおりである。

①一部実験都市は保険費用の徴収水準が高めで，財政および企業の負担が比較的重く，基金の徴収が困難であった。
②企業の加入率が低い。
③一部の実験都市では，社会徴収基金の超過支給（赤字）が多い。このことは両江で実験方法には依然として改善が必要なことを物語っていた。

このため改革の足取りを速め，両江での実験および海南，深圳などの医療保険改革の経験を基礎として，国務院は1998年11月に「都市職員・労働者の基本医療保険制度確立に関する決定」を公布し，新しい制度，新しいメカニズムを打ち出した。この「決定」によると，今回の医療保険制度改革の主な目的は，①雇用単位と職員・労働者が共同で費用を納付するメカニズムを作り，基本医療保険基金を確立し，職員・労働者の基本医療を確実に保障すること，②医療保険徴収基金と個人口座の制度を確立し，互助と個人の自己保障の役割を発揮させ，病院・患者・保険の三者のインセンティブと制約を統一した内在的メカニズムを形成し，医療費の速すぎる伸びをコントロールし，浪費を杜絶することである。

改革の基本的な考え方は，「低水準，広範囲，双方の負担，社会統一徴収と個人口座の結合」にある。低水準とは，現在の財政と企業が実際に引き受けられる能力に基づいて，適切な医療保障水準を確定することしかできず，国家の生産力の水準と実際に可能な保障水準を越えた保障を行わないことである。保障水準は実際に可能なことしかできず，医療消費の必要性に基づくことはできず，「貧乏人が金持ちの面倒をみてあげる」ことはできないのである。

広範囲とは，基本医療保険はすべての都市の単位およびその職員・労働者を

カバーしなければならないということを指す。社会保険は大数の法則に従うもので，一定のカバーがなければ，リスクを効果的に分散させることはできない。

双方の負担とは，基本医療保険料が，雇用単位と職員・労働者個人によって共同で納付されることを指す。雇用単位の保険料率は職員・労働者賃金総額の6％前後に抑え，職員・労働者の保険料率は一般に本人給与の2％とし，経済の発展にともない，保険料率は相応に調整することができる。

社会統一徴収と個人口座の結合とは，基本医療基金が社会統一徴収と個人口座の結合を実施することを指す。これは中国的特色を備えた医療保険制度の基本的特徴であり，中国の医療保険制度の改革の経験を総括し，国外医療保険制度の経験と教訓を参考にしつつ中国の国情と結びつけたものである。中国政府の現行規定によれば，基本医療保険基金は社会統一徴収基金と，個人口座の2つを含んでおり，個人の納付はすべて個人口座に繰り入れられる。雇用単位が納付する保険料の一部は社会統一徴収基金に用いられ，雇用単位の納付の30％前後は職員・労働者の個人口座に繰り入れられる。個人口座の元金と利息は個人の所有に帰する。

基本医療保険と同時に，中国の医療保険は多階層の医療保障体系として次のことを徐々に確立してきた。
① 基本医療保険によって給付水準が低下する国家公務員に対して医療補助制度を実施する。
② 職員・労働者が基本医療保険の最高支給限度額以上の医療費を必要とした時のために，各地の実情にあわせ高額医療費補助制度を実施する。
③ 社会医療救済制度を確立し，貧困者群の医療問題を解決する。
④ 条件の整った企業は職員・労働者のために補充医療保険を実施し，賃金総額の4％以内をコストに組み入れ支出することができる。

なお，基本医療保険制度改革が順調に実施できるように，1999年から一連の医薬衛生体制改革に関する法規を公布し，医薬衛生体制の改革を推進し，医療サービスの管理を強化している。その主な措置は次のとおりである。
① 基本医療保険サービスの範囲，基準と医薬費用計算方法を明確にした。
② 基本医療保険サービスを提供する医療機関と薬店に対して指定管理を実施し，競争のメカニズムを導入し，医療行為を規範化されたものとし，医療

衛生資源の利用効率を高めた。職員・労働者はいくつかの指定医療機関に行って病気を診てもらい，薬を購入することができ，また処方箋をもって指定の薬店で薬を購入することができる。
③医薬衛生体制の改革を一層押し進め，医薬分業とし，それぞれの管理制度を確立し，医療費を適切にコントロールした。同時に，医療機関と薬店の内部管理を強化し，医薬サービス行為を規範化し，医薬コストを引き下げ，医療サービス価格を整理し，医療技術労務価格を適切に引き上げた。
④業務技術トレーニングと職業道徳教育を強化し，医薬サービス要員の資質とサービスの質を向上させた。
⑤医療機関の配置を見直し，地域社会の衛生サービスを積極的に発展させ，地域社会衛生サービスにおける基本医療サービス項目を基本医療の範囲に組み込んだ。

2001年6月末，都市職員・労働者基本医療保険制度は全国303の地区・市級地域において実施されており，これは全国346の地区・市級地域の88％を占め，カバーする人数は4,874万人で，全国保険加入者の30％を占めている。医療保険への参加は逐次増加しており，2002年6月末には7,920万人と1年で1.6倍に増加，この半年の保険料収入は256億9,000万元，支出は169億元で当期残高は87億9,000万元であった。

(3) 失業保険制度

中国の都市企業職員・労働者の失業保険制度は1986年に始まり，その後徐々に発展してきた。

1986年7月，国営企業の職員・労働者の雇用制度を改革し，企業の活力を増強するため，国務院は労働制度改革の4つの規定を公布した（BOX6）。その中の「国営企業職員・労働者待業保険暫定規定」（以下「暫定規定」と略）は中国の失業保険制度が正式に確立する一里塚となった。当時この制度の保障範囲は国営企業の職員・労働者だけに限られており，状況は以下のとおりであった。

①破産を宣告された企業の職員・労働者と破産に瀕している企業の法定整理期間に人員削減された職員・労働者の待業期間の待業救済金，②破産を宣告された企業の職員・労働者と破産に瀕している企業の法定整理期間に人員削減さ

BOX6　中国の雇用制度

　中国の雇用制度改革は，改革・開放政策の採用直後から始まっている。職員・労働者については1978年に採用に際し優劣をつける"優秀採用基準制"の実験が開始され，幹部管理については，1979年に専門能力の重視などが始められた。その後も職員・労働者と幹部は別個に制度改革が行われる傾向が強く，1986年には国営企業での労働契約制の実施についての暫定規定といった中国の雇用制度上重要な規定が出されている。現在，中国の民間企業の場合は，この2つの改革の良いところを導入し，競争力を強化する方向にある。そこで，日本と異なっている中国の雇用・人事制度の特徴をあげておこう。

①雇用関係の開始は書面による労働契約による。1983年に実験が開始され，1986年から新規雇用について正式に採用されているもので，契約書には次のようなものを含む。したがって，試用期間内に定められた仕事の内容を達成できなければ解雇可能である。

　契約期間（試用期限の定めを含む），仕事の内容（作業量，質的標準を含む），労働条件・報酬，社会福祉待遇，契約の変更・解除・終止条件，経済補償・賠償，争議処理など。

②職歴昇給はあっても極めて少額である。公務員で職歴1年につき月額1元の昇給にすぎない。給与は能力主義・実績主義であり，職位と専門能力が上昇しないと給与が増えない。職位に必要な能力が定められているのが一般的である。専門能力には，エンジニア，エコノミストなど多くのものがあり，エンジニアの場合，高級工程士・工程師・助理工程師・技術員の順となっている。ブルーカラーの場合は，熟練度により初級工・中級工・高級工・技師・高級技師の5ランクがあり，事前に決められている作業量に応じた賃金と作業量に応じた奨励金係数によって給与総額が決定される。

③考課上，最低ランクがつけられた場合，降格または降職となる。考課方法および降格・降職基準については文書で定められているのが一般的である。たとえば，最低ランク（中国では不称職）2年で降格され，すでに最低職位にある場合は降職といった規定がある。考課結果は本人に通知され異議申立ての方法も定められる。

　中国の雇用・人事制度はアメリカ的といってよく，中国では日本的労働慣行はなじまない。時には，一般職員の不称職は1年で降職，マネージャークラスも不称職を続けると3〜5年で降職になってしまうという。なお，中国の大手国有企

業の賃金制度は公務員の賃金制度を基本にしているので公務員の制度を表出しておこう。大手国有企業の董事長（CEO）は副部長格の給与水準と同等である。

公務員の賃金制度

職　　務	職務等級賃金[1]	級別賃金[2]	基礎賃金[3]	職歴賃金[4]
国家主席・副主席・総理	6等級	全15級で級の上昇にともない賃金が上昇	全15級すべての級で同一	職歴一年につき月二元
副総理・国務委員	7等級			
部長・省長	8等級			
副部長・副省長	9等級			
司長・庁長・局長	10等級			
副局長・副庁長・副局長	10等級			
処長・県長	11等級			
副処長・副県長	11等級			
科長・主任科員	12等級			
副科長・副主任科員	12等級			
科員	14等級			
クラーク	14等級			

（注）1．賃金等級数は各職務賃金内で6～14の賃金レベルに区分されていることを示す。
　　　2．級別賃金は全15級に区分されており，クラークが15級である。職務数と級数が異なるが，一般に職務内の上位者，たとえば常務副部長（筆頭副部長）が部長職務下位者と同一級となる。
　　　3．基礎賃金は月額300元程度に過ぎない。
　　　4．優秀な処長（日本の課長、中国の科長は日本の課長代理）で基礎賃金・職歴給の合計は全賃金（各種補填は除く）の20％弱である。
　　　5．公務員に対する支給総額は職務賃金・級別賃金・基礎賃金・職歴賃金の合計に各種補填手当てを加えたもので構成される。補填は情報資料費・散髪費などの名目をつけて支払われる。

れた職員・労働者の待業期間の医療費，死亡葬祭補助費，直系親族扶養の弔慰金，救済金，③破産を宣告された企業の退職職員・労働者と破産に瀕している企業の法定整理期間に人員削減された退職の条件に適合する職員・労働者の退職金，④企業を辞職した職員・労働者と労働契約が終了または解除された労働者の，待業期間の待業救済金と医療補助金。これで失業者は最長で24ヵ月の失業保険金と失業救済金を受領することができるようになった。

　1992年，国務院は「全人民所有制工業企業の経営メカニズム転換条例」を公布，国有企業改革を加速した。そして，このようななかで1986年の「暫定規定」はそのカバーする対象が比較的狭いという問題が日増しに顕在化してきた。こ

のため，国務院は1993年に改めて「暫定規定」の修正を行い，「国有企業職員・労働者の待業保険の規定」（以下「規定」と略）を公布し，これまでの「暫定規定」を補充・整備した。主な修正は以下の4点である。

　第1は適用範囲を拡大し，対象を過去の国営企業から都市のすべての企業に広げた。

　第2は失業保険を受ける対象の範囲を拡大し，それまで4種類の人だけに適用していたものを7種類の人に拡大した。すなわち法に従って破産を宣告された企業の職員・労働者，破産に瀕している企業の法定整頓期間内に削減された職員・労働者，国の関連規定に従って取消・解散させられた企業の職員・労働者，国の関連規定に従って生産を停止させられた企業の削減された職員・労働者，労働契約が終了または解除された職員・労働者，企業によって辞職・除名または解雇された職員・労働者，法律・法規または省・自治区・直轄市政府の規定に従い待業保険を受けるその他の職員・労働者である。

　第3は保険費用の納付の基準を企業の基準賃金総額から賃金総額に改めると同時に，待遇基準を調整し，失業救済金を過去の本人標準賃金の50〜75％で計算・支給するものから，現地民生部門が規定した社会救済金額の120〜150％で計算して支給するものに改めた。また救済の内容を増やし，特殊な困難のある失業者に対して特別な保護を提供するようにした。一部の地方は「規定」を執行する過程において，さらに現地の改革の必要と実際の状況に従って実施範囲を拡大し，国有企業以外に，都市の集団企業，外資企業，私営企業と個人工商業者，および一部機関，事業単位と社会団体も失業保険の中に組み込んだ。

　第4は基金の省級徴収を市・県級徴収に調整するとともに省と自治区に調整金を設置した。

　第5は失業保険を就業サービス業務と密接に結びつけるべきであることを明確にし，同時に省級人民政府に対し，失業保険基金の中から失業者の生活困難を解決し，再就業を促進するために必要な費用の支出を承認する権限を与えた。

　第6は罰則を制定し，執行の力を強めた。

　なお，1994年以降，国は再就業プロジェクトを実施することを正式に提案し，失業者の再就業を促進するうえでの失業保険基金の役割を強調しており，失業救済と就業促進を有機的に結びつけるうえで進展を収めている。これは失業保

険と再就業を結びつけるという国際的な趨勢と一致している。労働部門の統計によると，1986年から1996年にかけて，合計500万人余の失業者が再就業を実現，そのうち失業保険を受けていた人々の再就業率は54％であった。1996〜98年，失業救済金を使用した人々は毎年のべ300万人以上を数えた。次いで1998年10月，中国共産党と国務院は「国有企業職員・労働者の基本生活保障と再就業の業務を確実に立派に行うことに関する通告」で同年から，失業保険基金の納付比率を企業賃金総額の1％から3％に引き上げ，企業の一方的負担から企業と職員・労働者が共同で負担することに改め，そのうち個人が1％納付し，企業が2％納付することにした。この決定は失業保険政策の1つの重大な変更であり，各地方は中央政府の要求に従い，財政が3分の1を手配し，企業が3分の1を負担し，社会から3分の1を調達する（主として失業保険金の中から調整）という「三三」制の原則に従って，賃金を調達し国有企業再就業サービスセンター内のレイオフされた職員・労働者の基本生活保障およびレイオフされた者に代わって社会保険費用を納付するのに充当した。失業保険はレイオフされた職員・労働者の最低生活保障と結びつき，規範化された市場経済の要求に適応した失業保険を確立すると同時に，経済体制移行期間における国有企業の大量余剰人員のレイオフをうまく処理してきた。

　市場経済の一般的な方法を用いて，失業保険で国有企業余剰人員のすべてを保障することは極めて困難である。1997年末現在，各種の方途を通じて，国有企業の職員・労働者合計639万8,000人を国有企業の改造政策のもとで分離独立させた企業に移転した。一方，レイオフされた職員・労働者は約1,200万人余で，このうち634万人が就職先を見つけることができなかった。1998年から2000年末までで見ると，累計して2,300万人の国有企業レイオフ職員・労働者が再就業サービスセンターに入所，1,500万人余が再就業を実現できた。1998年以降，レイオフ職員・労働者の生活保障，失業保険，都市住民最低生活保障の3種類の保障が役割を発揮するようになった。

　1999年1月22日，国務院は「失業保険条例」（以下「条例」と略）を公布・実施し，失業保険制度の整備と失業保険業務の強化のための基本的な法規範を定めた。「条例」の公布，実施は社会保障体系建設の重要なステップであり，失業保険制度を整備し，失業者の合法的権益を確実に保護し，社会の安定を守るた

めに重要な法的根拠である。この「条例」は失業保険のカバー範囲，納付比率，個人納付，待遇基準，享受条件，基金支出，管理監督などの面で次の調整を行っている。

① すべての都市企業事業単位およびその職員・労働者を失業保険のカバー範囲に組み込んだ。また，省・自治区・直轄市人民政府が社会団体およびその専従人員，民営非企業単位およびその職員・労働者，雇用人がいる個人工商業者およびその雇用人に適用することを決定できると規定し，現行の失業保険制度が「広範囲のカバー」，すなわち公務員を除くすべての都市職員・労働者を失業保険の範囲に組み込み，社会保険制度の広がりを具現化できるようにした。

② 失業保険料の徴収を法規の形式で，国，企業と職員・労働者個人の三者が共同で負担することを明確にし，同時に，納付比率を引き上げ，単位が賃金総額の2％を納付，個人が賃金の1％を納付することとした。そして，失業保険基金の収入が支出に追いつかなかった場合，財政が必要な補助を与えることを規定した。これらの規定を通じて各方面の社会保険に対する責任が強化され，雇用単位と職員・労働者の失業保険に対する意識を高め，資金チャネルを広げ，基金の実力を大きく，強くするうえで重要な役割を果たした。

③ 基金の支出構造について失業者の基本生活保障支出を強調すると同時に，基本生活保障と再就業業務の促進を密接に結びつけるという主旨を明確にしている。失業保険基金を失業者の基本生活に用いるだけでなくて，一部を職業トレーニングと職業紹介費用の補助にあてることができることを明確にした。

④ 基金の設置される行政クラスを引き上げ，基金管理を強化し，財政特別口座に入れ，財政の監督を実行することを定めた。

⑤ 失業保険の省級調整金制度を確立し，失業保険の待遇享受範囲を適当に拡大することについて明確な規定を決め，失業保険制度の整備と，役割の十分な発揮のために法的基礎を固めた。

⑥ レイオフされた職員・労働者の基本生活保障と失業保険の一体化をはかる。

以上のように「条例」はそれまでの通達を法規範として明確にしたものだっ

た。なお，レイオフされた職員・労働者の基本生活保障と失業保険の一体化は重要な問題でもあり補足しておこう。

　レイオフされた職員・労働者の基本生活保障は社会保障体系が健全でなく，労働力市場の発育が十分でない状況で採用された過渡的な措置であり，1998年に出された通達ですでに「5年前後の時間をかけて，社会主義市場経済体制の要求に適応した社会保障体系と就業のメカニズムを初歩的に確立することに努める」ことを提起していた。そして，中国共産党第15期第4回，第5回中央委員会総会は，市場による就業のメカニズムを形成し，失業保険制度を整備し，労働力市場の建設を速め，レイオフ職員・労働者を徐々に企業の再就業サービスセンターによる基本生活保障から失業保険を受ける方向に転換させ，労働力市場に進出して就業するようにさせなければならないと強調している。レイオフ職員・労働者の基本生活保障から失業保険への移行を実現するために，計画的に，そして，順序立てて展開する方法が採用されており，以下の3つのステップで進められる。

　第1のステップは制度の共存であり，レイオフ職員・労働者は再就業サービスセンターに入り就業機会をさがし，失業者は労働力市場に入り就業機会をさがす。この段階では，失業保険の役割は主として失業者の基本生活を保障し，レイオフ職員・労働者の基本生活保障は調整資金により保護される。

　第2のステップでは，改革が先行している地区で，協定期限（3年間の再就業サービスセンター入居期間）が満了しているが再就業をまだ果たせないレイオフ職員・労働者と新しく人員削減された者が失業保険の対象となり，その他の地区では，政策を通じてレイオフ職員・労働者がセンターから出る期間を短くするように導く。この時はまだ失業保険とレイオフ職員・労働者の基本生活保障の2つが主な保障形式となる。

　第3のステップでは，再就業サービスセンターは歴史的使命を徐々に完成させ，企業から新たに人員削減された者や協定の期限が満了してセンターを出るレイオフ職員・労働者を含むすべての失業者が労働力市場に参入し，規定に従って失業保険を受ける。

　レイオフ職員・労働者の基本生活保障と失業保険の一体化，企業余剰人員の失業保険対象への直接の移転，労働力市場への参入は，市場による就業メカニ

表1-2　中国の失業保険基金収支状況推移

年度	基金収入（億元）	基金支出（億元）	収入に占める支出の比率（％）
1987	5.53	0.88	16.5
1988	5.81	1.79	30.8
1989	6.81	2.02	29.7
1990	7.97	2.54	31.9
1991	9.26	3.04	32.8
1992	11.66	5.15	44.2
1993	17.85	9.30	52.1
1994	25.43	14.20	55.8
1995	35.28	18.86	53.5
1996	45.20	27.30	60.4
1997	46.90	36.30	77.4
1998	68.40	51.90	75.9
2000	160.00	123.00	76.9
2001	187.00	157.00	84.0

（出所）　労働部および労働社会保障部資料。

ズム形成の重要なステップである。一体化業務を推進するため，国務院は「都市社会保障体系の実験地を整備することについての案」を提出し，2001年1月から，遼寧省とその他の条件を備えた地区において国有企業レイオフ職員・労働者の基本生活保障の失業保険への一体化を試験的に実施している。国有企業は原則的に新しい再就業サービスセンターを設置することはせず，企業で新たに削減された者は原則的に再就業サービスセンターに入らず，企業が法に従って労働関係を解除し，企業が失業保険に加入し，法に従って十分な保険費用を納付している者は，規定に従って失業保険を受ける。すでに，再就業サービスセンターに入っているレイオフ職員・労働者の基本生活保障と再就業協定の内容は変わらない。協定期限が満了しても再就業できていない者は，規定に従って労働関係が解除され，失業保険または都市住民最低生活保障を受ける。現在，中国の大多数の地区がこの一体化に取り組み，全国で半数以上の省が一体化についての案を制定しており，これらの省のうち経済が比較的発達している地区では2001年からレイオフ職員・労働者はすべて再就業サービスセンターを離れ，労働力市場に直接参入し，規定に従って失業保険を受けるようになっている。

　2000年末現在，全国でレイオフされている職員・労働者は合計657万人を数え，1999年と比べて4万7,000人増加し，97.3％が基本生活費を受領，年間を通じて

合計361万人の国有企業レイオフ職員・労働者が再就業を実現，再就業率は35.4％であった。全国の失業保険加入者数は1億408万人で，1999年と比べて556万人増加した。そのうち企業が失業保険に加入している人数は8,501万人，事業単位およびその他の単位の人数は1,907万人となっている。また，2000年，失業保険事務管理機構は全国で2,100余り設立されており，2万3,800人余りがこの業務に従事しており，失業保険基金収入は160億元，年間の失業保険基金支出は123億元，2000年末の失業保険基金累計残高は196億元である。失業保険が創設されて以来，合計で失業者1,300万人強に失業保険が支払われている（BOX7）。

BOX7 レイオフと失業

　国有企業の労働者は国有企業に勤めているという自負があり，また，労働契約制による新規雇用者と異なり，定められた退職年齢までの終身雇用制のもとにあった。さらに，失業すると個人の経歴書は企業管理から労働者が居住する街道（上海，北京などの直轄市では行政単位として，市―区―街道の順となる。街道の下に居民委員会があるが，街道は行政単位であり，居民委員会は自治組織である）に移管され，居住地で失業者であることが知られてしまい，労働者の自尊心は著しく傷つけられることになる。このため，政府は企業内に設置される再就業サービスセンターに労働者を移管（経歴書は企業が保管）し，少ないながらも手当てが支給（法的には失業者に該当しない）される方式を案出した。再就業サービスセンターでは再就業のための訓練をすることになっているが，大型国有企業以外では訓練は等閑となることも多い。レイオフ制度と失業保険の一体化とはレイオフ制度の廃止である。2001年末の失業保険加入者は1億355万人，12月の失業保険受給者は312万人で前年同月比190万人の増加であったが，2002年6月末の加入者数は1億95万人に減少，一方，6月の保険受給者は369万人に増加している。政府の公報は2001年末の都市失業登録人数は681万人，失業率は3.6％（2002年6月速報3.8％）としており，失業保険受給者は失業登録人数の50％以下である。なお，再就業サービスセンター在籍者も失業状態に近いことを考えると中国の公表失業率は極めて過少である。一方，リストラ職員・労働者の再就業率は急速に悪化している。2002年6月末のリストラ職員・労働者数は464万人，うち再就業サービスセンター入所者は412万人，1～6月の再就業者は47万人で再就業率は9.1％にすぎない。

(4) 都市最低生活保障制度

　都市最低生活保障制度は中国の伝統的な社会救済制度を90年代に改革したものであり，異なった都市状況に即応して保障条件が定められる生活保護制度である。就業者には，最低賃金制度によって賃金労働の最低報酬権益が保障されており，これが賃金制度の法制化を促進し，労働力市場の健全な発展を促す。一方，都市住民には，最低生活保障基準が定められており，保障基準以下のすべての住民が救済の対象になっている。特に企業の赤字・半操業・操業停止および破産によって生活が困難となった職員・労働者およびその家庭が保障の範囲に組み込まれることとなり，社会の安定に有利な制度である。最低生活保障制度は中国の社会保障体系における最後の「セーフティネット」である。

　最低生活保障制度は1993年に上海でまず実施され，都市の救済対象を最低生活保障基準に従って救済し，都市の貧困レベルの基準を1人当たり毎月120元と定めた。当時この制度は40万人前後の収入が低い，貧困な人々に恩恵をもたらし，良好な社会的効果を収めた。中央の民政部はこの経験を総括するとともに，これを全国に推し広めた。まず1994年5月，国務院が開催した第10回全国民政工作会議は，中国の都市において最低生活保障基準，すなわち貧困基準制度を徐々に実施することを初めて正式に提案した。その後，厦門，海口，広州など20近くの都市が相次いでこれを実行に移した。

　1996年，第8期全国人民代表大会第4回会議において，李鵬首相は政府活動報告の中で"都市最低生活保障制度を徐々に確立し，都市貧困人口を援助して生活の困難を解決する"ことを初めて提起した。1997年9月，国務院は「全国で都市最低生活保障制度を確立することに関する通達」を出し，1999年末までに，全国において都市最低生活保障制度を確立するように要求した。この通達は，保障対象，保障基準，資金源と関連の政策・措置について明確に規定し，県級以上の都市での実施を要求している。そして1997年10月，広東省は全国で初めて都市農村最低生活保障制度の実施を決め，全省の農村をも最低生活保障レベルの範囲に組み込むことを決めた。また，1998年5月，朱鎔基首相は「国有企業レイオフ職員・労働者基本生活保障および再就業工作会議」において，年金制度，失業保険制度，レイオフ職員・労働者基本生活保障制度と都市最低

生活保障制度を現実の条件のもとにおいて中国の特色を備えた社会保障制度を構成するものとして改めて強調した。

1999年10月，国務院は「都市最低生活保障条例」を正式に公布・施行した。この条例に基づき全国で実施された都市最低生活保障制度は以下の3つの特色を備えている。

①収入との関連のもとで，古い伝統的な救済対象に含まれなかったすべての都市住民をカバーする。なお，中国の伝統的な救済対象は主として，㋑身寄りがない，頼る人がいない，生活の資金源がない"三無"の孤児・高齢者・病人・身障者。㋺60年代初期に経済調整期のリストラクチャリングによって削減退職となった古参職員・労働者で救済条件に適合する人。㋩中央・国務院の関連文書が規定するその他の救済対象，たとえば特赦で釈放された者などである。新しい最低生活保障制度は，最低生活保障の対象を失業救済金受領期間または失業保険の期限が満了しているがまだ再就業していない家庭の1人当たり平均収入が最低生活保障基準を下回る住民，および在職人員，レイオフ人員，退職者のうち家庭の1人当たり平均収入が最低生活保障基準を下回る住民に拡大された。最低生活保障制度は実際には現地政府が規定した保障基準を下回るすべての都市住民をカバーしている。このように同制度は収入との関連を基礎とした都市住民全体をカバーする保障制度であり，社会において最低の，また最後の保障ネットでもあり，社会の安定と公平にとって重大な役割を果たしている。

②低い保障基準を採用する。これはいくつかの先進国で基準が高すぎたために招いた「福祉病」を教訓としたものである。中国は最低生活保障の実施に際し，都市住民の最低生活保障制度は主として最貧困住民の衣食の問題を解決するもので，その中でも「食」が最優先であると明確に規定している。都市最低生活保障制度を実行すると同時に，各地は労働能力のある人に注意の目を向け，生産行為によって自らを救済し，労働をもって救済に代え，科学技術の向上により貧困を救済する等の積極的な救済方式をより多く採用し，被救済者の自力更生の意欲をかき立て，最低生活保障基金の社会的効果を高めた。

③最低生活保障基金を財政予算に組み入れ，地方各級民政部門が管理する。

1997年の国務院の「都市最低生活保障制度の確立に関する通達」の要求に従い，都市最低生活保障制度に必要な資金は，地方各級政府がそれぞれ財政予算に組み入れ，社会救済特別科目とし個別の専用口座で収支管理を行い，財政と会計監査部門の定期検査・会計監査と社会監査が実施されるようになった。各地は保障資金を各行政級の財政予算に組み入れ，最低生活保障制度が信頼できる資金供給源を持つことができるようにした。

1999年9月現在，全国すべての都市と県の人民政府所在地で都市最低生活保障制度が実施されている。2000年末現在，合計で381万8,000人の都市貧困人口が保障の対象になっている。そのうち，企業職員・労働者，レイオフ，失業，退職で生活が困難な家庭が80％を占め，伝統的な民政救済金の対象は20％を占めるにすぎない。

都市住民の最低生活保障基準は，各地が現地の基本生活必需品と財政支持能力などによって決めている。全国各地の経済状況，消費水準が大きく異なっているため，各地の基準にも大きな差があり，1つの省または自治区内の各市・県の基準も同じというわけでもない。2000年末の全国36主要都市の保障基準は，深圳319元，厦門315元，広州300元，上海280元，北京280元，天津241元で，基準が200元以上のところは大連，海口，杭州，寧波，済南，福州，青島，長沙などの都市がある。その他の都市の最低生活保障基準はいずれも200元以下で，基準で最低は143元である。前述の都市の保障基準は所在の省・自治区の各都市の中においていずれも最高の水準であり，大体が現地の経済発展水準と財政状況を反映している。一般に"三無"対象は保障基準に従って全額救済されるほか，その他の保障対象はいずれも保障基準に従ってその家庭の実際の収入との差額を給付される。

現在，各地はいずれも保障資金を財政予算に組み入れており，以前，財政と企業・事業単位が分担して実施していた地方もすべて財政が保障資金を統一して負担するようになっている。統計によると，1997年から2000年3月にかけて，各級財政が投じた資金は合計49億8,000万元にのぼる。省内の発達していない市（県）の最低生活保障制度確立を支援するとともに，中央直属，省直属企業の困難な職員・労働者家庭の最低生活保障問題を解決するため，全国で21の省クラスの財政が300万元から3,000万元の異なった都市最低生活保障調整資金を予算

> **BOX8　急増する都市最低生活保障対象**
>
> 　2001年末の都市最低生活保障対象人数は1,655.3万人，対前年比134.0%の増加となった。保障対象のうち実際に生活保障された人数は270.7万人，対前年比190.8%と保障対象を上回る増加ではあるが，まだ生活保障対象人数に対する比率は70.7%にとどまっている。このため，2002年に入って中央政府は各地方政府に対し，生活保障対象人数に対する保障実行を加速するように強い指示を出した。2002年7月の民政部スポークスマンの発言によれば，都市最低生活保障受給者は1,930.8万人に達しており，105.3億元の財政投入（中央財政46億元，地方財政59.3億元）が行われているという。受給者は，古い工業地帯・資源の枯渇した鉱山を持つ中西部である遼寧・吉林・黒龍江・江西・河南・湖北・湖南・四川といった省に多く，各々100～150万人前後の受給者を抱えている。

化している（BOX8）。

(5)　労災保険制度

　1980年代後半から，50年代に定められた労災保険制度を社会主義市場経済体制に適応できるよう，各地で制度の刷新が模索されるようになった。刷新の第1は保険費用の社会徴収を実施し，労災保険基金を設置し，企業保険を社会保険に変え，企業労災のリスクを分散することであった。第2は，労災認定および障害評定基準を明確にし，労災保険を規範化，法制化し，実務上の難しさを緩和することにあった。

　1992年3月，労働部，衛生部，全国総工会（労組）は「従業員の労災と業病による障害の程度鑑定基準（試行）」を作成・公布し，中国の労災と職業病による障害の程度と鑑定に一定の比較的整った，科学的な拠り所が持てるようにした。この基準は1996年に正式に国家規格となった。

　1996年，労働部は「企業従業員労災保険試行規定」を公布，労災保険の範囲，鑑定手順，待遇基準などについて比較的詳細な規定を決め，健全な労災保険制度確立のための基礎を固めた。

　2001年12月末現在，全国で4,345万人の職員・労働者が労災保険に加入して

おり，平均労災保険料率は賃金総額の1％前後である。2001年末現在，徴収した労災保険基金収入は28億元，支出は16億元，労災保険基金の累計残高は69億元である。

(6) 出産育児保険

出産育児保険最大の制度刷新は，1994年12月に「企業職員・労働者出産育児保険試行規定」を公布し，これによって社会徴収を実施し，出産育児保険基金を設置し，個別企業の管理から社会的管理に移行させ，企業の負担をつり合いのとれたものとしたこと，そして，企業が市場競争に平等で参与するために条件を創造するとともに，女性の平等な就業などの合法的権利を保障するのに役立つようにしたことである。

2000年末現在，全国の26の省（自治区，直轄市），1,248の県（市）が企業職員・労働者出産育児保険基金の社会徴収を実施，3,002万人（2001年末3,455万人）が保険に加入している。2000年の出産育児保険基金収入は11億2,000万元（2001年末14億元），支出は8億3,000万元（同10億元）で，それまでの年の出産育児保険基金累計残高は16億8,000万元（同21億元）である。

(7) 社会保険事務管理機構と専業要員

1980年代中後期から，中国の社会保険事務管理機関と専業要員は保険業務に携わり，各種訓練を行い，10余年を経て，2000年末現在で次のような人員を抱えるにいたっている。専業要員は合計で7万4,945人を抱え，その内訳は業務要員3万69人（総数の40.12％），管理要員1万2,370人（16.51％），会計要員1万1,750人（15.68％），統計・会計監査要員7,414人（9.89％），コンピュータ要員5,383人（7.18％），その他の要員7,959人（10.62％）となっている。

2．その他の社会保障

(1) 社会救済

社会救済制度は中国の社会保障制度の重要な内容の1つであり，中国では，3つの側面を持つ。

①最低生活保障または社会救済を得ることは公民の1つの基本的権利である。中華人民共和国憲法第45条は，「中華人民共和国公民は年をとり，病気にかかりまたは労働能力を喪失した状況下において，国と社会から物質的援助を獲得する権利を有する」と明確に規定している。
②社会救済制度または最低生活保障制度の目標は貧困を克服することであり，それは公民が社会的または個人的，生理的または心理的原因によってその収入が最低生活保障基準を下回り，生活困難の状況に陥った時に役割を果たす。科学的で，合理的な最低生活基準を制定することは社会救済制度が正常に運営できる前提条件である。
③社会救済制度または最低生活保障制度が提供するものは最低生活の必要を満たす資金または物資にすぎず，公平と効率を考慮し適度な援助を目指している。これは人道主義の精神を体現しており，社会保障制度における最後のセーフティネットであり，1人1人の公民が生活が困難な時に助けのない苦境に陥ることがないようにするものである。

中国が50年代に確立した社会救済制度は経済調査を前提とし，救済金を支給することを主要手段としていた。そして，改革・開放以後も，国が規定する職責の範囲内で，社会救済業務も一連の改革を行ってきた。その中で最も有名なのが貧困救済（扶貧）活動で，貧困家庭を助けて生産を発展させ，収入を増加させ，貧困からの脱出を勝ち取るようにさせることを目指した。これは地域社会の貧困救済資金を確保する面でも進展があった。たとえば救済扶貧互助貯金会，"五保"資金の郷鎮徴収などが組織された。

70年代末，中国で絶対的貧困状態におかれていた人々は2億5,000万人を数えた。経済改革が実施されて以後，農家連合生産請負制などの一連の富民政策を通じて，貧困人口を急激に減少させた。1985年には大規模な貧困救済開発活動を実施するため，1人当たり平均年間収入200元を貧困基準とした。当時，貧困レベル以下にあった人々は依然として3,000万人を数えた。1991年，物価指数と生活費用指数の変化を考慮し，実際に即した方法で中国農村の貧困問題を解決するため，貧困基準を300元に引き上げたが，この基準によると，当時の貧困人口は6,000万人であった。次いで1993年に"8・7貧困救済難関政略計画"を制定したとき，貧困レベルを再度400元に引き上げており，この基準によると，

中国農村の貧困人口は8,065万人に拡大した。5年余りの貧困救済の成果は顕著であり，貧困人口は1996年，すでに6,000万人に減少し，1998年にはさらに5,000万人に減少している。

一方，中国共産党第14回大会で中国の改革・開放の目標が社会主義市場経済と確定されたのにともない，改革の不断の深化とこれにともなう激しい社会の変化もいくつかの新しい社会問題をもたらした。その中には，①生活が困難な企業の職員・労働者の激増，②インフレの上昇，③貧富の差の拡大，が含まれる。国際的な経験によれば，経済と社会構造の大きな調整によってもたらされた大規模な貧困問題に対処するのに，最も効果的な社会保障制度は社会救済であって社会保障ではない。しかしながら，中国の伝統的な社会救済制度がこの重大な任務を担うのは困難なことである。

中国の伝統的な都市社会救済制度には少なくとも次のようないくつかの欠陥が存在する。すなわち，①救済対象が極めて限定的である，②救済基準が低すぎ，救済対象者の生活が困難である，③救済経費の不足が深刻である，といったことである。このため，中国は社会救済の効果的な方法を模索，それが，前述の都市住民の最低生活保障制度であった。なお，都市での最低生活保障が急増していることもあり，2001年度の社会救済の総人数は5,809.7万人である。

(2) 社会福利制度

社会福利制度も中国の社会保障制度の重要な構成部分である。中国の社会福利制度の保障対象は特殊な困難の中におかれている老人，孤児および各種の身体障害者である。

中国の都市において各級政府部門が創設し運営・管理している国有社会福利事業単位は1,346ヵ所，そのうち孤児・身体障害児童福利院は105ヵ所，精神衛生福利院は129ヵ所，総合的な社会福利院は1,054ヵ所，その他の身よりのない者を引き取る養育施設が73ヵ所存在する。養育施設には，都市の"三無"対象（頼る人がいない，労働能力がない，法定義務扶養者がいない）と自費であるが代理養育を必要とする者11万5,000人が入居している。集団所有制形式の都市養老院・農村養老院が4万余ヵ所あり，衣・食・住・医・葬式が保障される"五保戸"の老人と自費で代理養育される老人64万人余りが入居している。そ

して，郷鎮養老院の普及率はすでに70％以上に達している。全国の都市および農村福利事業単位の総ベッド数は103万床余りで，年平均２％ずつ増えている。政府と集団が運営している社会福利機構以外に，全国の各種社会団体が運営している社会福利機構が1,000ヵ所余りに達する。

不完全な統計によれば，ここ５年間に孤児を含めた身よりのない者を引き取り養育する全国の各種社会福利事業単位の総支出は70億元であり，ここ２年，国の支出と集団による寄付などの資金調達は年平均50％以上で伸びている。

(3) 社会優待

社会優待も中国の社会保障の重要な内容の１つとなっている。主な対象は国と社会に対して特殊な貢献をした老紅軍（革命戦争に参加した紅軍兵士），退役軍人・革命烈士家族，傷痍軍人，復員軍人，現役軍人および家族で，全国の社会優待対象は約4,000万人余である。

財政投入が社会優待保障資金の主なチャネルであり，救済補助の経費は政府が負担する。寄付などの社会調達を補助とし，優待金は社会が負担する。ただし，医療保険と合作医療などでは，規定によって定められた経費は自己負担となる。

(4) 軍人保険制度

軍人保険制度は，社会保障制度の改革を速めることに関する中国共産党中央・国務院の要求と中央軍事委員会の関連の決定，そして，「中華人民共和国国防法」における"国が実行する軍人保険制度"の規定に従ってできたものである。軍人保険制度は国が立法を通じて特別基金を設立し，軍人が死亡，身体障害，老齢，退役などの状況になった際に，軍人およびその家族に一定の経済的保障を与える特殊な社会保障制度であり，これも国の社会保障制度の重要な構成部分である。国が軍人保険制度を実施することは，軍隊政策・制度の１つの重要な改革であり，軍人の後顧の憂いを解決し，軍人の合法的権益を守る重要な措置であり，軍事費の需給の矛盾を緩和し，軍隊の保障の社会化を実現する効果的な道筋でもある。

軍人保険の対象は現役軍人と武装警察部隊の現役要員である。これには主と

して負傷死亡保険，退役年金，退役医療保険などが含まれる。軍人保険基金は国と個人が共同で負担し，保険給付基準は同じ職位・職務クラスの国家公務員と職員・労働者の保険給付基準を参照するとともに，軍人の職業的特色を加味し決定されている。

　まず，1997年3月，中国人民解放軍の三総部が共同して組織した中国人民解放軍軍人保険事務室が北京で成立，次いで1998年7月，解放軍の総参謀部，総政治部，総後勤部，総装備部は共同で通達を出し，全軍に向けて「軍人保険制度実施案」を配布，軍人保険制度が正式にスタートし，中華人民解放軍軍人保険委員会も成立した。同年8月には，中華人民解放軍軍人負傷死亡保険が正式に施行されており，これは「軍人保険制度実施案」を出した後に施行した最初の軍人保険であった。これにより，軍人が戦争・公務で死亡するか身体障害となった場合，これまでの規定により与えられる救済金が得られるほか，さらに救済金と比べて比較的大幅に引き上げられた保険金を得ることができることになった。

(5)　地域社会（社区）サービス

　1987年に民政部はこの地域社会サービス事業の必要性を提唱した。地域社会サービスは都市の地域社会住民を主なサービス対象とし，地域社会に奉仕するもので，主として地域社会住民の便宜をはかり，有益なサービスを提供し，高齢者・身障者など特殊な人々のために社会福利サービスを提供し，所属する地域単位のために社会化サービスを提供する。1993年になると，地域社会サービス業は全国大中都市において初歩的な規模を持つようになり，地域社会サービスセンターを中核とし，高齢者，身障者，社会優待対象と区域住民のためのサービスを主な内容とする社会保障の基礎的な社会総合サービス体系が形成された。2000年末現在，全国の都市，区，町，住民委員会の各級が設置した地域社会サービスセンターと地域社会サービスステーションはすでに43万ヵ所余りに達し，各種タイプの高齢者福利サービス施設は約17万ヵ所，社会優待サービス施設は13万ヵ所を超え，身障者福利サービス施設は3万ヵ所余り，各種タイプの住民に便宜をはかるサービス網・サービス拠点は100万ヵ所余りを数える。地域社会サービスを提供する人員は，専業と兼業を合わせて138万人余りを数

える。また地域社会サービス・ボランティア組織は5万余，ボランティアは540万人余となっている。

3．中国農村の社会保障

　中国では経済的および歴史的原因のため，依然として経済・社会的に都市と農村の典型的な二元的構造を持ち，都市と農村との間の経済発展水準，収入水準，経済構造などのさまざまな面における差異が比較的大きい。中国の都市と農村との間にはまだ厳格な戸籍制度上の障壁が存在しており，農村人口は依然として農民の身分にとどまっている。社会保障の面においても都市と農村の二元的構造が極めてはっきりとしており，都市と農村が異なった，相互に独立した社会保障制度を実行している。現在，農村の社会保障の社会化の程度は都市と比べて低く，保障項目は少なく，保障は初歩的・応急的特長を備えている（BOX9）。

　中国の農村社会保障も社会救済，社会保険，社会福利と社会優待の4つの部分を含んでいる。都市と違う点は，現在，社会救済が依然として農村社会保障の主体的内容であり，現代の社会保障の中核である社会保険制度は中国農村でようやく始まったばかりである。経済保障の資金源から見て，農村の人々はまだ主として伝統的な家庭保障に依存しており，社会保障は大部分の農村地区において家庭保障の補助的な役割を提供することだけしかできない。

　具体的な保障内容には主として次のものが含まれる。

　①"五保戸"制度。すなわち農村の集団経済組織が農村の頼る人のいない老人，弱者，孤児，寡婦（夫），身障者に対して基本生活の保障を実施する制度。

　②合作（協同）医療制度。農村の集団経済組織と住民個人が協同で資金を集めて農村住民のために疾病の治療と予防を提供する医療保障制度。この制度は1976年に全国90％の農村人口をカバーした。しかし，1978年に土地の請負が実行されて以後，縮小している。

　③農村貧困救済（扶貧）。最初は国の貧困地区に対する資金・物資の援助策であったが，後に貧困原因に対抗する地域開発計画の制定に方向を転換し，貧困地区を段階的になくす方向にある。

　④農村社会養老年金。農村社会年金は中国の社会保障体系の重要な構成部分

BOX9　中国の戸籍制度

　中国の戸籍制度の歴史的変遷は以下のとおりであり，戸籍によって労働移動が制限され，また，戸籍によって社会的権利に違いが生ずることになる。

1951年　「都市戸籍管理暫定条例」
1955年　戸籍と食糧配給を結びつける「口糧制度」の実施
1956年　「農村人口の盲目的外流防止についての指示」
1958年　「戸籍登記条例」
　　　　● 常住地で出生・死亡・結婚・離婚・移動を戸籍登記期間に届出なければならない。
　　　　● 入学・結婚・食糧と綿布購入・旅行・選挙・就業・転出入などすべてにおいて戸籍登記機関の証明を必要とする。
　　　　● 転出の場合，都市労働部門の採用証明書，都市への転入許可証を持って常住地の戸籍登記機関に申請し転出手続きを行う。
　　　　● 転出，移動とは常住地の市・県の範囲外の都市に3日を超えて暫住する場合で，都市で暫住登記を行い，都市を離れる時に抹消申請を行う。
1964年　都市人口の抑制，盲目的な移動制限を目的とする「戸籍移転処理についての規定（草案）」
1975年　憲法の「公民の移動の自由」の条文を削除
1977年　「戸籍移動の処理に関する規定」　小都市への暫住を若干緩和
1980年　全国都市計画会議で小都市の発展のために流入に指標コントロールを採用
1984年　「農民の県鎮定住問題に関する通知」　郷鎮企業の発展と移動の拡大への現実的対応として暫住範囲を県鎮に拡大
1992年　戸籍制度改革のための小組成立
　　　　広東省で小都市への暫住を条件つきで許可
1997年　「小都市戸籍管理制度改革試点方案」　382の小都市で実験，2年で50万人以上が移動
1998年　「当面の戸籍管理工作におけるいくつかの突出した問題の解決に関する意見」　人道主義的考えから父の暫住に対し，配偶者・子供の移動を許可した。また，資金（都市で投資・事業を行う者，不動産購入者）と人材（高学歴者）の流入を許可
2001年　「小都市の戸籍管理制度改革の推進に関する意見」公安部
　　　　改革の実施範囲

- 県クラスの市の市区
- 県人民政府が所在する鎮（県鎮）およびその他の建制鎮

対象
- 合法な固定的住所と安定的職業あるいは生活財源を持つ者
- 共同居住生活をする直系親族
- すでにその都市の暫住戸籍を持つ者，地方の都市戸籍を持つ者，自理口糧戸籍を持つ者

権利
- 都市の常住戸籍を与え，再び糧油関係の手続きをしなくて良い。農村における土地使用権（請負土地の経営権，農耕地と住地）を留保できる。
- 入学，就業などで都市戸籍と同等の権利を持つ。

その他
- 増容費（都市人口増加にともなう社会サービスコストの増加分を負担させるための費用項目）などの費用を徴収しない。
- 計画指標管理（80年に決定された指標コントロール）を行わない。

2001年の新規定でもわかるように，都市戸籍を持たない者は各種の税・社会保障負担を課せられるにもかかわらず都市で子供の教育・就業などで差別を受けることになる。それだけでなく，増容費をも徴収されていたことになる。もっとも，新規定の実施は小都市を対象としており，大都市では相変わらず厳しく流入が制限されている。たとえば，南京市で都市戸籍を与えられる者は次の条件を満たす者であり都市にとって都合の良い人に限られる。

- 南京に100万元以上の投資を行い，合法的な固定的居住場所を持つ者
- 私営企業主で連続2年間3万元以上を納税した者，個体工商主で連続2年間2万元以上を納税した者，脱税行為がなく合法な固定的居住場所を持つ者
- 南京に一定面積以上の商業不動産を購入した者
- 市が招聘した専門能力のある人材・管理人員で大学本科以上の学歴あるいは中級以上の職称を持ち，年齢40歳以下の者
- 上記人材の配偶者と未成年の子供

であり，これを展開することは中国共産党と政府が農民高齢者の基本的生活を保障するために実施する1つの重要な社会政策である。しかし，中国の都市と農村の二元的な経済構造と経済水準の差異は中国農村が都市と同じ社会保険を同時に確立することはできないということを決定づけており，中国農村の社会

保険は必然的に初歩的で低級であるといった特徴を備えている。

　農村年金の目標は，条件が整った地区において，農民自らの意思と政府組織の指導を結びつけた方法を採用し，低い基準でスタートし，高齢者の基本生活を保障することを目的とするとともに，農村経済の発展にともなって年金水準を徐々に引き上げ，最終的に農村において自己保障を主体とし，集団と国家の支援を結びつけた年金制度を確立することにある。

　農村年金が採用している原則は，保険資金は個人の納付を主とし，集団の補助金を従とし，保険加入の個人口座基金を確立するというものである。個人の納付が一般に保険料の50％を下回らないことを原則とし，郷（鎮）・村または郷鎮企業が自らの経営状況に基づいて補助する。国は郷鎮企業の補助金支出の非課税処理を認める。年金の支給は個人口座基金への積立総額に基づいて確定する。実施の範囲は，年金を展開している地区の農村における郷鎮企業の労働者，農業従事者，商業従事者など各種タイプの社会構成員をカバーしている。年金加入の年齢は労働に加わるとともに収入を手にすることがスタート・ポイントで，個人納付は一般に18歳から60歳までである。年金を受領する年齢は職業と性別を問わず，一般に60歳からである。

　基金の給付は，一般に満60歳から死亡するまでとする。給付が10年に満たず死亡した者には10年間年金給付を保障し，残った年限の年金は，法定相続人または指定の受益人が受領する。年金を受領する年齢に達しないで死亡した者については，関連規定に基づき一定の葬送費が支給されるほか，残りの部分は法定相続人または指定の受益人に返還される。年金の受領基準は，個人が積み立てた基金総額と予定平均受領年限に基づいて決められ，月または四半期ごとに受領できる。

　農村年金は1986年に国務院が民政部による年金試点工作の展開を決定したことに始まる。1991年1月，国務院は「農村社会年金基本案」を公布，民政部が責任をもって農村社会保険制度試点を展開することを決定，民政部は農村社会養老保険弁公室を設置するとともに，年金基金の調達は「個人納付を主とし，集団の補助を従とし，国が政策的支援を与える」という原則を確定し，「県級農村社会年金基本案」を制定した。1996年末現在，農村社会年金は東南沿海地区から中西部内陸地区と少数民族地区に向かって段階的に推進され，1998年，

第9期全国人民代表大会第1回会議において国務院の機構改革の決定が採択されて以降，農村社会年金の業務は民政部から新たに設立された労働社会保障部による統一管理となった。

1998年には，全国で合計2,123の県（市）と65％の郷（鎮）が農村社会年金の業務を展開しており，農村社会年金に加入した農村人口は8,025万人を数え，基金の設立は150億元余に達した。しかし，1999年に国務院はこの業務を見直し，農村社会年金の将来方向性を商業保険に組み込むこととした。2000年末現在，全国で合計31の省，自治区，直轄市の76％の郷・鎮が農村社会年金業務を展開しており，6,172万余の農村人口が社会年金に加入し，基金の設立は195億5,000万元余に達している。

⑤少数の地区での農村最低生活保障制度の開始。建国以来，各級民政部門は農村の貧困家庭に対して不定期または定期的な社会救済補助を行ってきたが，依然としてかなりの農村低収入家庭は最低基本生活を維持するのが困難であった。一方，90年代以来，都市部地区において最低生活保障が徐々に実施されるようになってきた。この都市部の影響を受けて，90年代中期以来，少数の農村地区においても農村最低生活保障制度が実施されるようになってきた。1994年，山西省は農村最低生活保障基準の実施を検討するようになり，1996年には山東省で20の県・市・区が，浙江省では30の市・県・区が農村最低生活保障制度を実施するようになった。農村最低生活保障制度の資金は主として県・郷が財政を負担している。保障方式は主に実勢の収入水準と保障基準との差に基づいて差額補助，定額補助，実物補助などである。農村最低生活保障制度は制度化された農村貧困者の基本的生活を保障する農村保障制度である。

参考資料
1. 1995年労働部統計資料。
2. 1998〜2001年労働社会保障部統計資料。
3. 1999〜2001年民政部統計資料。

第2節　中国の社会保障制度の特徴

　中国の社会保障制度における制度面の歩みについては前節で詳しく述べられているので，ここでは中国の社会保障全体がどのような特徴を持つのかを異なった視点から見ておくことにしよう。

1．遅れた農村部社会保障
　中国の社会保障を広義にとらえると図1-1に見られるとおり，極めて多くの分野を含むものである。中国政府は社会保障制度の整備に努めているが，農村部の所得・医療保障は農村年金保険と農村合作医療だけであり，これらは必ずしも整備されたものとはいえない。農村年金は86年に導入実験を開始，91年には個人口座制を採用，政府の推進策もあり，98年には加入者が8,025万人，農村労働者の5分の1，農村人口の10分の1を占めることになった。当初，この分野は民生部により主管され体制の整備・参加人員の拡大がはかられていたが，行政改革で労働社会保障部に主管部門が移動，その後，沿海部農村の状況から朱鎔基首相が制度の必要性を低く評価したため，加入者の減少をもたらしてしまった。農村年金保険は，農村部労働者を対象とし，個人・郷鎮企業の保険料と県政府の支援からなる。個人口座は全額加入者の所有となり，支払いは加入年数・積立額・金利水準によって決まるため，見方を変えれば優遇された預金制度といえるものである。また，都市部の年金のような"みなし制度"はなく，保険加入者は若く，保険収支が赤字になっているわけではなかった。批判とは，このような制度条件と沿海部の発展する農村状況を前提に，農村養老保険の拡充ではなく，商業保険の拡大が可能であるとするものだったと見られる。しかし，制度に加入していた農村部労働者は指導者の批判を同保険基金における資金流用問題と考え，約2,000万人が脱退してしまった。中国では保険基金の流用・占用があり，保険加入者は政府を信用しているわけではない。なお，最近になって政府も，再度，商業保険として制度の拡充の方向に転換している。裕福な沿海農村部には独自の社会保障制度を定めている所もあるし，また農村年金を支援する郷鎮政府財政も黒字で郷鎮企業も発展している。しかし，中西部

図1-1　中国の社会保障体系

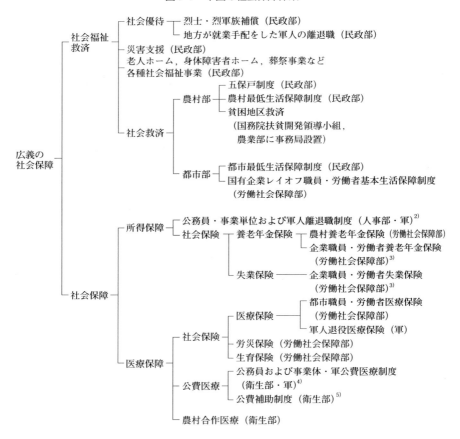

(注) 1. ( ) 内は担当行政部門。
2. 国有企業のレイオフ職員・労働者に対する3年間の救済は2000年末に一部地方で廃止が開始された。今後，新規レイオフは直ちに失業救済に移行することになった。全国で順次廃止されており，したがって，この制度は2004年中にはなくなるだろう。
3. 事業単位の場合，職員も企業職員・労働者養老年金保険，企業職員・労働者失業保険に含まれることになったが，2001年末現在，中央事業単位では参加していないところが多い。
4. 党・行政府・事業単位にいる労働者（ブルーカラー）についてはここに含まれる。
5. 医療保険は都市部のすべての職員・労働者を対象（個人経営については各省の決定になる）とするが，北京市では2001年末中央公務員・事業体職員すべてが加入したわけではない。軍人退役医療保険はあるが，局クラス以上の退役軍人は公費医療対象となる。
6. 公務員・事業単位の職員は医療保険に加入すると給付水準が低下するため，これまでの給付水準維持を目的に公費補助が出る。

の郷鎮政府財政は後述するように苦しく，郷鎮企業も1995年を境に成長力を減衰させている。資金支援がないとすれば，大多数の中国農民にとって農村年金は単なる優遇もない預金制度にすぎない。中西部の農家収入から見てこのような預金が可能な人々は限定される。

　農村合作医療は建国前に解放区における農民の互助共済制度として始まり，建国後，56年に高級農業生産合作社規定により合作社（人民公社の前身）が社員の保健・医療所を設けることになった。その後，59年に農村合作医療制度が正式に決まり，65年末には10省・自治区で実施され，76年には全国農民の90％が参加していた。「はだしの医者」（正式の医者ではない）の言葉に見られるとおり，必ずしも高度な医療をともなうものではないが，農村の生産隊医務室・人民公社病院（現在では郷レベルの病院）・県病院というシステムがあったため，その効果は大きなものであった。しかし，70年代末以降，合作医療制度は政府の自由参加への転換，農業分野での生産請負制の実施，人民公社の解体のなかで衰退してしまった。85年の10省45県の調査では合作医療参加農民はわずか9.6％で，私費医療への依存が81％に達していた。また，86年に合作医療を続けていた村は5％前後にすぎないとの報道もある。合作医療は近年に入り若干増加傾向にあるというが，その増加はわずかであり，今でも全農民の10％に達していないという見方が多い。2001年秋に国務院弁公庁は「農村の衛生改革と発展に関する指導意見」を出し，5年で農村の医療保険の水準を初歩的段階に引き上げるために医療健康教育の普及，合理的な医療機関の配置，農村医療への民間資本の導入などを求めている。また，広東省は2001年末になって，2006年に農村合作医療への参加人員を60％，2008年に85％にするとの目標を打ち出し，そのために省財政から毎年6,000万元の資金を投入すると発表した。指導意見から見て，財政が豊かな一部の沿海地区を除き，農民の多くは私費医療，個人医院に依存することになり，農民の場合，大病は死を意味するといった状況が大きく変化することはなさそうである。合作医療は衛生部が担当するが，中央の衛生部の将来計画は都市部を中心とし，農村は二の次である。

　五保戸制度は，建国前の解放区で農家の互助制度として始められたもので，56年に正式の制度として採用された。衣・食・燃料・教育・葬式の5つを保障する（五保）生活保障制度であり，人民公社の成立にともない，人民公社が主

体となり実施された。しかし，人民公社の解体により保障が困難になったため，政府は法律を再公布し制度を整備（1994年），現在では以下の条件の人を保護対象とする。そして，"三無老人"が老人ホームに入居することになる。
　①法定扶養者がいない，または法定扶養者に扶養能力がない
　②労働能力がない
　③所得がない老人・未成年者・身体障害者
　しかし，農村部の社会救済も極めて手薄である。社会福祉事業には老人ホーム，児童養護施設，身体障害者ホーム，葬祭事業（公墓を含む）など各種のものが含まれるが，農村部ではその数は圧倒的に不足している。これには，子供が都市部へ出てしまうことが多く，農村部でも老人のみの世帯が増加していることも影響している。家族扶養を前提とする社会保障は農村部でも成り立ちづらくなっている。なお，中西部の農村では社会福祉事業費も不足しているため，老人ホームでは1人が大病を患れば資金面からホームの運営ができなくなる状況にある。
　農村最低生活保障制度は，政府が五保戸についての新条例を公布した94年に山西省陽泉市で実験が開始された。同制度は五保戸制度が厳格な基準のもとで行われず，また，保障水準が低いなどの問題点を改善することを目標としていた。その後，逐次，実験地域が拡大され，また，政府の「農村社会保障体系の建設指導方案」のもとで制度も改善されつつある。2000年末現在30省で実施ないし実施に向けて作業中（うち15省で完全実施）である。1999年9月末の受益者は267万人であったが，2年後の2001年9月末には313万人，2002年3月末は327万人となっており，一応の普及をうかがわせる。保護条件・救済水準は各地方の最低生活水準に基づき決定されるが，現在，農村最低生活保障制度は，農村部での費用徴収の廃止などで郷政府財政が悪化しているため資金が確保できない，一部地域では五保戸制度に基づく救済人数を最低生活保障の受益者に変更し中央政府に報告するといった例も見られるし，保障水準や管理も制度化されていないことが多いなど各種の課題を抱えている。
　なお，貧困地区救済は中央政府が中国の最貧困農村地域での貧困家庭救済を開始したことに始まるもので，この経験をもとに86年，国務院は扶貧開発領導小組（貧困地区開発指導委員会）を設置，国および省・自治区が貧困県を指定

し，発展基金を設立し，貧困県の開発支援を行うことにした。したがって，地域開発的色彩の強いものゆえ，中国の研究者の中には社会保障に含めないことがある。

2．地方財政に依存してきた社会保障

　中国には社会保障についての財政支出・企業支出・寄付などを合計した数字はなく，社会保障経費が国民経済上どの程度の負担になっているか正確に把握することは困難である。これに近い数字として全国保険福祉費用があるが（図1-2参照），これには，文教・娯楽・体育宣伝費用，農副産物生産補塡費が含まれるため実際の支出より若干過大となる。それに，1998年までしか統計がなく，その後発表されなくなった。しかし，これを近似的なものとして使用せざるをえないだろう。この統計によれば中国は改革・開放以来，徐々に社会保障支出を増加させていること，現在，GDP比4％前後に達しているであろうこと，90年代に入って比率が上昇していないといったことがわかる。もっとも，この統計は，国有単位が全体の3割を占めており，統計集計上の問題もあるようだ。このような問題はあるものの中国政府が社会保障制度の整備に傾注しているといっても，社会保障経費が大きく増加しているとはいえず，第3章第2節に見

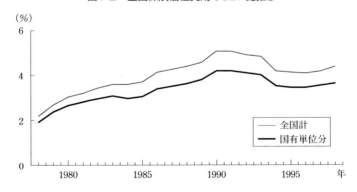

図1-2　全国保険福祉費用のGDP比推移

(注)　全国計とは国有単位以外に都市集団所有制企業とその他企業を含む。
　　　外資を含むその他企業は1984年から計上されている。
(出所)　『新中国50年財政統計』。

表1-3　国家財政の社会保障関連支出（1999年）　　　　（単位：億元）

	国家財政	中　央	地　方
社会保障関連支出	1,197.44	334.26	863.18
政府・事業単位離退休経費	393.92	33.77	360.15
軍人保障・社会救済費	179.88	2.22	177.66
社会保障補助支出	343.64	18.27	325.37
中央社会保障専用基金	280.00	280.00	―
1999年支出合計	13,187.67	4,152.23	9,035.34

（注）　1．農村合作医療と貧困地区救済は含まない。
　　　　2．中央社会保障専用基金は2000年に400億元弱に拡大したと見られる。
（出所）『中国財政年鑑』2000年。

られるとおり、企業負担をこれ以上増やせないとすれば、社会保障制度の整備は財政資金の投入と個人負担・個人責任増に依存することになる。そこで、中国政府が社会保障制度改革のなかで財政資金の投入を増加せざるをえなくなっている状況を分析してみよう。

　中央・地方の財政部門の社会保障支出を統一的に見られる最新統計は1999年しか公表されていない（表1-3参照）。これによれば、中国政府は国家財政支出（中央・地方）の9.1％を社会保障に使用しており、地方財政が社会保障支出の72.1％を占める。制度設計の不備にともない99年に中央が社会保険基金の補填のために支出した社会保障専用基金支出を除くと、地方財政が全社会保障支出の94.1％を占めてしまう。社会保障政策の原則は中央がつくり、地方が各地の実情に合わせて決定・実施することの基本方針が財政支出の面でも貫かれており、中央支出は最小限にとどめられる傾向にある。ただし、社会保障専用基金支出に見られるように、98年以降、中央財政の支出が増加しており、基本年金だけで98年から4年間で861億元の補填支出を計上せざるをえなくなっている。今後、中央財政の役割は急速に増加しかねない。

　支出項目別に見ると、企業が負担していた社会保障を社会保険制度に変更し、後述するようにこの赤字が増加しているため、社会保障補助支出と社会保障専用基金支出が国家財政社会保障関連支出の52.1％を占めている。また、行政事業単位の基本年金にも32.9％と多額の計上が必要となるため、農村や失業者などを中心とする社会福祉救済にはわずかな資金しかまわっていない。資金面から見ても中国の社会保障は極めて格差の大きい制度である。

表1-4　地方財政一般予算実際支出における分野別社会保障財政支出（1999年）

(単位：億元，%)

各社会保障支出分野	支出額	構成比
軍人補償・社会福祉救済	221.0	20.0
軍人補償	73.8	6.7
社会福祉・救済[1)][2)	76.8	7.0
農村社会救済費	8.1	0.7
都市社会救済費	18.7	1.7
社会福祉事業単位経費	19.9	1.8
政府・事業単位養老年金制度	375.4	34.0
社会保障補助支出	389.7	35.3
社会保険基金補塡	166.3	15.1
社会保険事務機関経費	30.8	2.8
都市部就業補助	7.7	0.7
レイオフ職員・労働者基本生活保障[1)	160.0	14.5
未発達地区支援	117.6	10.6
合作医療補助費	0.7	0.1
その他	25.0	2.3
合計	1,104.4	100.0

(注)　1. レイオフ職員・労働者基本生活保障は都市部の社会救済ではあるが，財政上は社会保障補助支出に含まれる。
　　　2. 貧困地区救済は財政上は社会福祉救済には含まれず，未発達地区支援支出に含まれる。したがって，農村社会救済は民生部担当分野のみである。
　　　3. この表の支出は実際の支出額であり，予算外支出については含まない。
(出所)　各種財政関連資料より筆者計算。

　格差の大きさを見るために，社会保障の中心的役割を果たす地方財政支出について社会保障分野別にその使用割合を見てみよう（表1-4参照）。これを見ても以下のことがわかる。

①中国の社会保障は都市部中心のものである。農村部のみの支出は，11.4%しかなく，都市と農村の人口比から見てあまりに少ない。農村合作医療には1億元以下の資金しか支出されていない。

②支出の中心は政府・事業単位基本年金制度，都市部の社会保険のための支出を中心とする社会保障補助支出である。

③国有企業のレイオフ職員・労働者向けの基本生活保障には14.5%の支出がなされている。しかし，都市の社会救済費は1.7%の支出しかない。国有企業の職員・労働者が財政上優遇されている。

　また，地方の予算外資金（表1-5参照）からも社会福祉・救済費が支出されて

表1-5　地方予算外収支に見る社会保障関連支出（1999年）

(単位：億元, %)

	金　額	構成費
予算外収入	3,154.7	100.0
行政事業の費用徴収収入	2,148.7	68.1
政府基金収入	383.8	12.2
郷鎮事業収入・費用徴収収入	358.6	11.4
その他	263.3	8.3
予算外支出	2,974.3	100.0
行政事業支出	1,682.5	56.6
基本建設支出	532.2	17.9
都市維持支出	127.5	4.3
郷鎮支出	350.3	11.8
行政事業	104.7	3.5
基本建設	36.5	1.2
教育経費	63.6	2.1
軍人保障	16.2	0.5
五保戸・困難戸補助	6.5	0.2
計画生育	18.3	0.6
社会公益事業建設	26.6	0.9
その他	40.2	1.4
その他支出	281.8	9.5

(出所)　表1-4に同じ。

いるが，その金額は小さい。なお，行政事業における費用徴収収入・政府基金収入といったものは行政事業支出・基本建設支出・都市建設維持支出となっており，これは郷鎮レベルでも同じである。

　次に郷鎮レベルといった下級レベルの予算（ＢＯＸ10），それも予算外資金をも含む全予算の中にどのような問題が潜んでいるかを見てみよう。なぜならば中国の郷鎮クラスの財政は今危機に瀕しているからである。

　99年に国務院弁公庁は郷鎮クラスの債権・債務・担保状況についての調査を年内に実施することを要請した。この結果によれば，郷鎮の平均債務は400万元，合計で1,776億元に達し，村クラスが平均20万元で合計1,483億元の債務残高という（『経済日報』2002年1月18日）。湖南省で総額85.4億元，安徽省で59.23億元，郷鎮企業の発展で裕福と見られている浙江省も郷鎮レベルの企業と農村の集団所有制企業の債務を含まず36.4億元の郷鎮債務を抱えているという。これは，浙江省も一部の遅れた地域（麗水）を抱えているためと見られる。また，

第1章 中国の社会保障制度　　　　　45

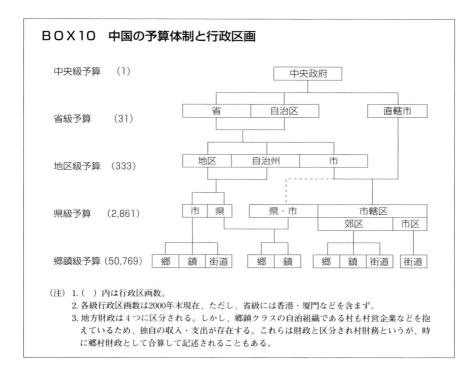

BOX10　中国の予算体制と行政区画

(注) 1. ( ) 内は行政区画数。
2. 各級行政区画数は2000年末現在，ただし，省級には香港・厦門などを含まず。
3. 地方財政は4つに区分される。しかし，郷鎮クラスの自治組織である村も村営企業などを抱えているため，独自の収入・支出が存在する。これらは財政と区分され村財務というが，時に郷村財政として合算して記述されることもある。

　安徽省の郷鎮の場合，最初は銀行・農村信用社・農村合作基金会から借り入れており，この3ヵ所からの債務は総債務の各々21.6％，9.3％，1.4％，計32.3％を占めている。これら借り入れが難しくなって次に郷村関連の企業から借り入れ，これが債務の29.9％に達しており，最後に個人等からの高利の借入れに依存していたという。郷村財政の悪化は94年頃からであり，湖北省では1995年には30％の郷鎮が赤字傾向に，2000年には90％の郷鎮が赤字になり，平均債務800万元に達していたという。郷鎮の赤字の原因には郷鎮の必要事業支出に対し，収入財源が少ないといった基本問題以外に次のようなものがある。
　・92年以降の全国的な開発ブームのなかで，企業設立，または開発区などの過大なインフラ投資を実施した
　・郷鎮政府での雇用の増加
　・汚職腐敗

表1-6　郷鎮クラスの財政支出（1999年）　　　　（単位：万元）

	収　入	支　出	収　支
本級財政	9,698,399	10,574,487	−876,088
財政基金	566,777	517,331	49,446
自収自支	3,588,628	3,503,374	85,254
合　計	13,853,804	14,595,192	−741,388

(出所)　各種財政統計資料より筆者計算。

表1-7　郷鎮自収自支予算外資金支出入状況（1999年）　（単位：万元，％）

	金　額	構　成　比
予算外収入	3,588,628	100.0
郷鎮自己調達	1,845,208	51.4
郷鎮企業からの収入	744,175	20.7
郷鎮事業からの収入	322,610	9.0
土地収用費収入	192,800	5.4
その他の収入	585,623	16.3
郷鎮統一調達資金	1,743,421	48.6
予算外支出	3,503,374	100.0
行政事業支出	1,047,189	29.9
基本建設支出	365,306	10.4
生産的支出	166,403	4.7
非生産的支出	198,903	5.7
郷鎮統一調達	1,714,838	48.9
教育経費	636,476	18.2
民兵訓練費	65,214	1.9
遺族年金	161,954	4.6
五保戸・生活補助費	65,046	1.9
公益事業費	265,987	7.6
計画出産	183,407	5.2
その他	336,754	9.6
その他	376,042	10.7

(出所)　各種財政統計資料より筆者計算。

　これまでに中国農村部で発生していた農村合作基金会の破綻，相次ぐ農村信用社の整理，中小学校教師に対する給与未払いなどは郷鎮財政の破綻と関係したものであり，また，2001年12月初めに，広東省恵州市博羅県で農民の争乱事件が発生したが，これは村財政における汚職腐敗を原因としている。郷鎮の財政困難は人民網（www.people.ne.jp）でも報道されるようになったが，報道流出の契機は過度の農民負担削減のために採用された税費改革にある（ＢＯＸ11）。

江蘇省連運港地区潅南県における税費改革実験の報道によれば(『中国経済時報』2001年3月20日)，税費改革によって村の収入は農業付加税だけになり，そのため2,400万元が985万元と，1,475万元も減少，一方，郷財政収入は1,800万元増加したものの郷財政の責任となった賃金の支払いの増加，生育計画経費，民兵訓練費，郷村教育費などの支出が9,400万元に増加，赤字が4,000万元を超えることになったという。そこで，このような状況となる理由を99年の地方財政で見てみよう。なお，99年段階では現在のような総合予算制度が導入されておらず，郷鎮の予算収支は3つに分割されている。

BOX11　税費改革とは

　税費改革とは1998年の全国人民代表大会において決定された財政改革の1つである。中国では中央・地方政府が各種名目で多種の費用を国民から徴収してきた。たとえば，各地が道路を大規模に補修すると，その補修費を賄うために有料道路化する，また，自動車を購入すると各種の費用徴収で実際には価格が倍になってしまうといったことになる。これら費用徴収は予算外資金として各行政部門の収入となり，勝手に支出され，98年当時，総額4,000億元と推定されていた。このような費用徴収の改定は次のとおりである。
　①不合理または不法な費用徴収項目の取り消し
　②残された費用の一部を税に変更する（費改税）
　③公益性収益は基金を収入とし，行政事業性収費と区分する
　中国で公路保守費・公路貨客運送付加費・公路運輸管理費が燃油税（ガソリン税）に，車輛購入付加費が車輛購入税に変更されたのは上記②であり，農民からの費用徴収の廃止は上記①に相当する。農民からの勝手な費用徴収の廃止は安徽省および一部の地域での実験の成功を受けて全国で実施されているが，財政上困難な面が多く進んでいるとは言い難い。中国では一部地域で政策を実験し，この成功をもとに政策を全国展開するといった方式が採用されることが多い。対外開放策のような外部から資金が供給されるような実験の場合は全国展開の成功率は高いが，内部で利害が対立または利害が錯綜する実験については成功率は低くなる。なぜならば，選ばれた実験地の政府が成功を喧伝するために過大な虚偽報告をすることが多く，実験を全国展開すると同時に困難が表面化するからである。

これら表から見て郷鎮財政の特徴は次のようなものである。
①郷鎮の全財政は99年74.1億元もの赤字を計上している。
②自収自支の予算外資金の収入割合は，全収入の25.9％と高い。
③本級財政収入において農業税・農業特産税・牧業税・耕地占用税といった農業関連税収は26.5％を占めるが，農業関連支出は支出合計の8.5％にすぎず，農業分野では収入の35％が還元されているにすぎない。
④教育支出は，本級財政支出の45.7％，基金収入の85.8％，自収自支の18.2％を占め，総計では40.5％を占める最大の支出項目である。これは，小中義務教育の大部分が郷鎮財政に依存しているからである。なお，基金収支における教育支出割合が高いのは，そもそも文教部門基金が農民から集められる基金収入全体の85.8％を占めているからである。
⑤社会福祉・社会保障関連支出は全支出の13.7％を占め，行政管理費は11.6％を占める。社会福祉・社会保障関連支出のうち自収自支からの支出が79.7％を占める。
⑥自収自支の予算資金収入の場合，郷鎮企業からの収入が20.7％を占める。郷鎮企業税収は本級財政収入に入るため，この多くは"乱収費"ということになろう。また，収入の48.6％を占める郷鎮統一調達資金の多くも"乱収費"と見られる。

現在，中国政府の進めている農村の税費改革，そして郷鎮企業育成のための企業からの"乱収費"（権力を使っての勝手な費用徴収）の整理は郷鎮財政収入の25.9％を占める収入の大幅削減をもたらすものである。郷鎮財政の最大の支出項目は教育であり，これに社会保障等を加えると支出の54.2％と過半を占めてしまう。

以上のように，沿海部を除く多くの郷鎮は財政上の困難に直面している。郷鎮財政の教育・社会保障分野の役割，特に，最後のセーフティネットである社会福祉・救済分野での役割の大きさを考えると，今後，より上級の県，そして省および中央政府が郷財政の赤字を負担していかねばならないだろう。農村の税費改革による郷財政の赤字は総額500億元に達することになると見られる。

なお，中国では社会保障分野での赤字が全国調整されるわけではなく，また，中央政府も，全国調整の実施までは考えていない。これは社会保障制度の基本

部分は全国同一であっても，細部は各地域の財政能力により異なっており，社会保険基金も財政制度上地方で独立し，赤字状況に違いがありすぎるためである。

社会保険ごとの基金の設置場所は次に示すとおりである。

①年金保険基金　地区クラス（地区クラスの市を含む）に設置されている。
　　ただし，遼寧・福建・陝西・寧夏では省クラスに基金が存在する。
②医療保険基金　地区クラスと県クラスの両方に設置，ただし，北京・天津・上海の3直轄市では省クラス（市）に基金がある。
③失業保険基金　県クラスを中心とするが，地区クラスの所もある。

全国の行政区画数は極めて多く，失業保険基金では県クラスを中心とするため1,000以上の基金が存在することになる。ただし，各保険基金が同一のクラスで存在する場合には1つの保険基金事務機関が各保険基金を管理している。基金の指導関係を図示すると図1-2のごとくになる。

年金保険基金の場合，地区クラスに設置されているので図で上級機関は省になり，同級政府とは，地区クラスの市政府ということになる。そして，赤字の

図1-2　基金の指導関係

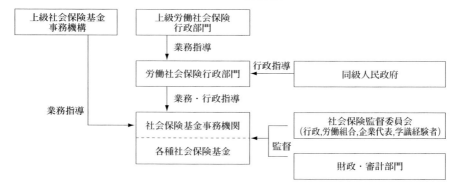

（注）　業務指導とは業務内容について指導権を持つ。行政指導の場合には人事権を持つ。たとえば，上海市労働社会保障局に対し，中央の労働社会保障部は業務指導権はあるが，人事権はなく，人事権は上海市政府にあり，予算も上海市予算に含まれる。このため，中央政府各部の地方に対する強制力は一般に弱い。ただし，中央からの補助を受ける場合や，中国人民銀行のように中央垂直指導を行う部門についてはその限りではない。

大きい年金保険では労働社会保障部と財政部が99年末に省レベルの統一徴収に移行し管理を統一するよう通達を出している。統一の方法は以下のとおりである。
　①省内の地域によって差がある企業・個人からの保険料率を統一する。
　②地域により若干の違いがある保険金の支払い内容を統一する。
　③省レベルで各基金を統一管理し，赤字調整を実施する。
　④省レベルでの赤字調整制度を作る。
　⑤まず，2000年以内に県クラスでの不統一な保険料の徴収管理を廃止し，地区クラスに統一する。
　⑥省クラスの養老保険基金事務管理機関は基金と調整金を分別管理する。
なお，赤字調整とは，基金を管理する事務管理機関が上級の事務管理機関に対し，基金収入の10％の範囲内で基金収入から調整金を支出，上級機関はこの資金を省内の赤字基金の補填に使用することをいう。

　省内の制度統一と基金過不足の調整は進められるが，1999年，地方財政の社会保険基金補填支出は総額166.1億元に達し，内年金基金補填だけで163.7億元を占める。省別の補填額の上位6省，下位6省は以下のとおりである。

上位6省		下位6省	
遼寧省	29.3億元	上海市	45万元
黒龍江省	24.4億元	北京市	1,250万元
吉林省	14.9億元	福建省	1,740万元
湖南省	8.7億元	浙江省	2,361万元
四川省	8.5億元	江蘇省	2,534万元
河北省	7.5億元	広東省	3,685万元

　これら順位を見てわかるように，古い工業地帯が多くの退職者・早期退職者を抱え，基金不足が厳しい状況にある。このことは国有企業のリストラ職員・労働者の基本生活保障資金支出（総額107.0億元）でも傾向に大きな違いはなく，黒龍江省・遼寧省，湖北省・湖南省・山東省・重慶市の順で支出額が多い。なお，制度上の欠陥にともなう赤字（第2章第1節参照）の解消といった現行養老年金制の抜本的変更が実施されるのであれば省間調整の障害も減少するだろう。

3. 誰のための社会保険基金

　社会保険基金の管理は必ずしも万全とは言い難い。社会保険基金制度が発足してすぐ，1993・94年に中央は社会保険基金管理の強化についての通達を出している。しかし，この通達は守られず，1995年8月から1996年6月にかけて基金管理状況の調査を実施せざるをえなくなっている。検査は社会保険事務管理機関自らが行ったにもかかわらず，この調査で1992～95年の5年間で資金管理違反は39億元に達していた。このため，財政部・労働部は再度，黒龍江省・遼寧省，上海市・広東省など10省・市の年金保険基金28ヵ所，失業保険基金26ヵ所を重点調査し，この結果，以下の違反が見つかっている。違反とは基金管理規定通りの会計処理をしていない，または定められた投資（預金と国家特殊債券への投資）以外への投資などの流用である。

　　　違反総額　　　　62.33億元
　　　　うち年金保険　54.76億元
　　　　　　失業保険　 7.57億元
　　年次別　1992年　10.23億元
　　　　　　1993年　13.75億元
　　　　　　1994年　16.28億元
　　　　　　1995年　22.07億元

　一方，同時に実施された審計署（日本の会計検査院に相当）の調査によれば，違反金額はより多く92.2億元に達し，内資金流用は以下のとおり59.7億元であった。そして，流用を決定した部門や流用の事例は次のとおりである。

　　　流用を決定した部門　地方政府　　　　　　　22.77億元
　　　　　　　　　　　　　社会保険事務管理機関　28.41億元
　　　　　　　　　　　　　地方政府労働部門　　　 6.81億元
　　　　　　　　　　　　　地方政府財政部門　　　 1.72億元
　　　流用事例　政府新規設備投資
　　　　　　　　不動産投資
　　　　　　　　国有企業の株式会社変更時に出資
　　　　　　　　非金融機関に委託貸出を依存
　　　　　　　　金融機関の貸付けの担保として提供

個人の預金口座に預金　など

　社会保険基金の財務管理は規則により定められており，一般に2ヵ月分の支出予定額を現金で保有し，残りの2割を預金，8割を財政部が社会保障基金向けに発行する特殊国債（金利は銀行の定期預金金利より若干高い）で保有することになっている。基金間の資金の相互流用も禁止されている。このような定めにもかかわらず流用が存在したことになる。

　労働社会保障部はこれら流用資金の回収に努めており，1999年2月にも回収を指示（労社部発五号文献）している。この段階での未回収・未糾正金額は年金保険基金で54.2億元，失業保険基金で4.7億元，合計58.9億元に達しており，このような違反がない省は年金保険基金で上海，失業保険基金で天津・上海を数えるだけであった。2002年になって，北京金融街と天津港の財務報告で株主として農村社会養老弁公室，社会保険局といった名称が記載されていたとの報道（財経，第65期，2002年8月5日）も見られる。このような状況ゆえに，その後も労働社会保障部は各種保険基金の検査を続けており，検査は企業年金にも及んでいる。企業年金の場合は，現・預金・国債だけでなく，金融債・企業債・株式保有量も調査するなど調査項目は多岐にわたる。中国では基金の管理について図1-3のような形態をとっており，問題も徐々に改善されるだろう。なお，98年をピークに農村年金保険加入者が2,000万人も減少したのは，このような保険基金の資金流用情報を伝え聞いていた農民や郷鎮企業の職員・労働者にとっ

図1-3　基金の管理・監督の基本模式

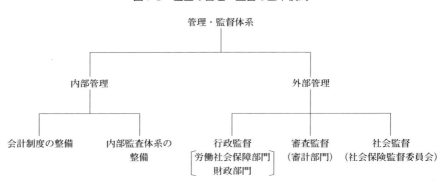

て当然の行動といえる。

4．差の大きい幹部と非幹部の待遇

　中国の社会保障制度にはいくつかの格差がある。既述のように都市と農村の格差は大きく，これは戸籍制度に見られるように建国以来の歴史の中で自ら作り上げてきた側面が強いものである。また，地方の制度上の格差も大きく，財政能力・産業発展によって社会福祉・救済といったことに大きな差が出てしまっている。財政能力の低い地域では都市最低生活保障基準にあるにもかかわらず，保障されていない人の割合が高くなる。

　しかし，中国における社会保障上の格差はこれだけではない。一般の職員・労働者と党・行政府の公務員の待遇には差があり，公務員の保障基準の方が高い。公務員の年金は行政経費であるが，政府にはこれを都市の職員・労働者年金制度と合体する考えはないようだ。都市職員・労働者医療保険は公務員をも含むが，公務員にはこれまでの保障基準を維持するための公務員医療補助制度がある。行政府はすべて公務員によって構成されているわけではなく，たとえば，中国人民銀行には造幣局があり，ここには印刷工が所属している。これら労働者は公務員とは区分されている。

　次に目立つのは同じ公務員でも職位によって保障に差が出てくることだろう。もちろん職位によって保険料納付に差があり給付に差がでてくるのは当然であるが，差はこれを上回るものである。医療の場合で見ると，局長クラス以上の病院は特定されており，常に一定割合の入院用ベッドが確保されているといった具合である。軍人の場合でも一般軍人は退役医療保険に含まれるが，局長クラス以上は公費医療対象である。このように各種の社会保険制度を見ると制度上，中国には次のような格差がある。

　局以上の幹部＞一般公務員・大企業ホワイトカラー＞ブルーカラー＞農民

最下層の農民の場合は，農村医療の貧しさから農民が大病を患ったら死を待つだけともいわれており，農民は山で薬草を探す，気功などの民間医療・信仰にしか頼るところがないことになる。

第3節　労働社会保障管理情報システムの整備

1．労働社会保障管理情報システム

　中国は1993年に鄒家華副首相（当時）を主席とする「国家経済情報化聯席会議」を国務院の24の部・委員会・総局の参加のもとで開催，アメリカの「スーパーハイウェイ構想」に対応する中国版スーパーハイウェイ構想として金の字のつく情報システム（金字工程）の構築を決定した。金字工程には金橋（国家公用経済情報網），金カード（クレジットカード用情報網），金税（徴税情報網），金関（関税情報網）など各種のものがあるが，国務院各部も傘下の情報センターを中心に業務情報・管理情報システムの整備を開始した。

　旧労働部も情報システムの整備を行うことになったが，98年に労働社会保障部に改組されるとともに，同年「労働と社会保険管理情報システム建設企画要点」を出し，以下のようなサブシステムを持つ管理情報システムを2002年6月までに建設するとした。

　　　　政策決定システム（全4システム）
　　　　　　政策法規，政策決定支持，監測，統計情報管理
　　　　業務管理システム（全7システム）
　　　　　　就業サービスと失業保険管理，年金保険管理，医療保険と生育保険管理，労災保険管理，賃金収入管理，労働関係管理，職業技能開発管理
　　　　労働社会保障部オフィスシステム（全5システム）
　　　　　　オフィス管理（人事・労務・財務等を含む），照会サービス，運行（公文書等の管理を含む），外部情報受入，対外情勢交換

　同計画は各種の国家経済情報系統と連携した労働社会保険管理情報システムを整備することによって，労働分野・社会保険分野における重要な政策決定のための情報・分析手段を提供し，整備された効率的な労働と社会保険事業を発展させ，社会・企業・労働者に各種情報サービスを提供することを目的としている。社会保障カードシステムの導入についての全体計画が99年12月に出されているが，管理情報システムと社会保障カード等の関連を含め計画の全体像を

図1-4　労働社会保険管理情報システムの全体像

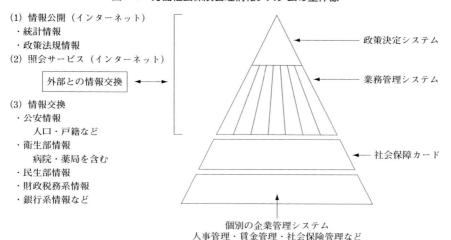

図示すると図1-4のごとくである。

　労働社会保障部はシステム設計・システム建設を次の方針のもとで実施することにしている。

　①労働社会保障部の統一指導，統一計画，統一仕様により徐々に実施
　②システム構築は1998年10月に開始し，2002年6月に終了する。システムは各行政クラス（部・省・市といったクラス）による分級管理を行い，中央の統一的な管理は行わない。中央・省・市は各々ネットで接続，ソフトは先進的なものを導入
　③データベースは企業の人事・賃金・社会保障情報，各クラスの労働社会保障部門および外部情報からなり，社会保険業務管理上必要な企業・個人情報の基本データベースは市クラスに置かれることになる。

　そして，全体計画に続きサブシステムである各業務管理システム計画も相次いで出されている。

　　　労働市場情報ネット建設実施要綱（1998年）
　　　都市基本年金保険管理情報システム建設実施要綱（1999年）
　　　都市職員・労働者基本医療保険管理情報システム建設指導意見の通知（2000年）

図1-5　データーベースと政策決定との関連

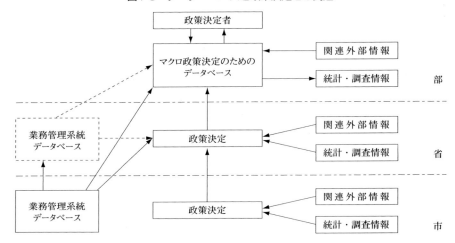

（注）業務管理に必要な省級国有企業や業種別徴収だった分の地域徴収への移管分，および軍工業の情報は省レベルしか持っていないため，市のデータにこれを加えたものが作られ，これが破線のデータベースになると見られる。
（出所）労社部函〔1998〕138号。

　計画は作成されているものの全体計画で提示された2000年6月完成のタイムスケジュールは遅れているようだ。この遅れの理由には2つあり，第1は全国にわたる膨大なデータベースを必要とすることであろう。図1-5は政策決定システムと業務管理システムのデータベースとの関連を示した図である。データベースの中心は省の下の市クラスに設置され，これに省の持つデータが付加され省レベルのデータベースとなる。このデータベースの作成には時間がかかる。
・データの多くは社会保険加入者のデータであるが，社会保険事務管理機関が保有するデータの信頼性がなく，点検のうえ入力しなければならない。賃金データの過少申告など企業データに問題があるからである。
・中国の国有企業には中央国有企業・省国有企業・市国有企業といった主管行政クラスの違いがある。そして，各々がデータの信頼性について疑いを持っており，すべて再度点検が必要となる。省は市のデータには問題が多く，すべて点検する必要があると考えている。なお，データとは次のようなものである。

政策法規，企業の基本情報，企業在職者基本情報，退職者基本情報，賃金情報，登記，保険料の支払い，個人口座情報，離退職者の待遇と支払い，基金財務情報，基金事務機関の情報など

　第2の理由は，膨大な情報システム整備にもかかわらず，明確な経費調達ルートを決めていなかっただけでなく，中央政府レベルの経費についても予算処置されなかったことによると見られる。データベース構築の際に最も重要なのは保険事務管理機関内における施設であり，労働社会保障部も設備設計案を数種提示している（図1-6）。

　しかし，保険事務管理機関経費は支出ベースで総額30.8億元しかなく，その40.9％は人件費が占め，設備購入費は10.3％の3.1億元にすぎない（表1-8）。各保険ごとに見ると極めて少額となってしまう。

　もちろん，財政支出上は各種支出項目から設備費を集めるにせよ資金不足は厳しく，労働社会保障部は政府資金以外に多くのチャネルから資金を集めるよ

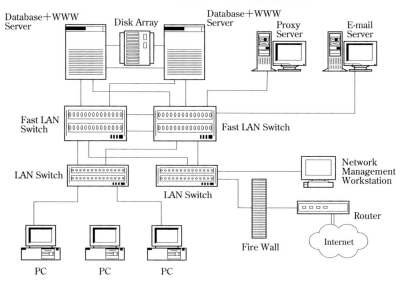

図1-6　保険事務管理機関内設備設計案

（出所）労社部函〔2000〕30号。

表1-8　保険事務管理機関経費の内訳（1999年）

(単位：100万元)

	年金保険	失業保険	医療保険	その他保険	合　計
実支出額	2,085	523	65	412	3,084
人件費	841	255	27	139	1,262
公務費	315	85	12	63	476
設備購入費	231	38	7	41	317
修理費	125	27	1	40	193
業務費	274	54	11	52	391

(出所)　各種資料より筆者計算。

う指示している。しかし，社会保障といった分野だけに，これが利益を生む可能性は低く，資金確保は頭の痛い問題である。なお，このシステムには，データベースの流用などの心配も残る。

2．社会保障カード

　社会保障カードは図1-4に見られるように，管理情報システムと社会（個人・企業）との間に位置するもので「集成電路カードの管理強化に関連する問題についての通知」と「集成電路カード登録管理規定」といった規定のもとで企画され，全体計画は99年12月に「社会保障カード建設総体企画」として出された。社会保障カードは以下の能力・情報を含むという。

①主要機能は社会保険管理，社会保険争議，職業指導訓練，労働契約と労働賃金管理に役立つものとする。

②カードには個人カードと企業カードの2種があり，各々含まれる情報が異なる。

　　　個人カード　全国統一の身分証番号などの基本指標
　　　　　　　　　全国統一の労働社会保障業務関連指標
　　　　　　　　　カード発行地域の業務関連指標
　　　企業カード　全国統一の基本指標・業務指標
　　　　　　　　　カード発行地域の業務関連指標

　個人カードは都市職員・労働者，そして，退職者などに区分発行され，1人1カードを持つ。企業も1つのカードを持つが，企業カードの発行計画は個人カードより遅れることになるという。

もっとも，このような社会保障カードの利用は労働社会保障側から見たものにすぎず，実際はより多くの利用を前提としたものである。上海市では1999年12月にカード発行が実施されはじめているが，カードについて明らかとなっていることは次のとおりである。

①カード面への記載

　姓名，性別，民族，身分証番号，写真，カード番号，発行年月日，有効期限（発行日より10年），発行部門。

②発行対象

　上海市の常住戸籍所有者，16歳以上。

③情報ネットの範囲

　労働社会保障局，公安局，民政局，医療保険局，社会保障カードサービスセンター，住宅公積金管理センター，街道オフィス，公安派出所，定点医院・薬店。

④カード利用

・労働社会保障関係

　就業・退職登記，雇用契約の解除，職業紹介，失業登記，失業保険申請，年金取得手続，就業訓練に対する市補助金申請，労働能力審査申請，ただし，関連社会保険未参加の場合は失業保険・年金については使用できない。

・医療保険関係

　医療費用決算時（定点医療機関・薬店での使用），なお，上海市の常住戸籍はないが基本医療保険に参加している人については医療保険局が別に医療保険専用磁気カードを発行。

・公安関係

　戸籍の変更，運転免許証交付，個人的な出国許可。

・民政関係

　婚姻状況登記，社会救済事務と救済金の受領。

・住宅公積金関係

　公積金からの住宅資金の借入。

⑤コスト負担

　50元，ただし，最初のカード申請時のみ市政府が25元を補塡。

⑥情報容量

　漢字4,000字

　2002年6月現在，上海市では対象者の7割弱の723万人にカードが発行されており，上記の各種のカード利用は累計45,005回という。

　社会保障カードについて，中央は統一的計画を作るものの，各地域の情報システム建設の進捗度合，技術能力などを見て，導入するかどうかは各地域ごとに決められる。上海ではすでに実施段階に入っているが，管理情報システムに加えカードシステムの建設コストが加わってくるため，全国的な導入は遅れざるをえないだろう。

　中国の社会保障制度は全国統一のシステムではなく，地域ごとに異なる制度が採用されている。このため，社会保険加入者の地域間移動時に保険加入者の権利が完全に保護される体制にない。しかし，社会保障カードの普及はこのような問題点の解決に役立つことになり，労働の効率的配置にも役立つ。

第2章　社会保障制度の問題点と改革の方向

第1節　現行制度の問題点と探究

1．現代社会保障制度の問題点

　中国の社会保障制度は国の経済建設とここ20年来の改革の過程において，都市職員・労働者の生活を保障し，社会の安定を保つうえで重要な役割を果たしてきた。しかし，人口高齢化の急速な到来，経済体制改革および国有企業改革の進展にともない，社会保障制度は根底から多くの矛盾を顕在化させている。矛盾とは主として次のいくつかの点に示されている。

（1）人口高齢化による年金基金への巨大な圧力

　人口高齢化は年金基金の収入が支出に追いつかない状況をもたらしており，賦課方式の年金制度を苦境に向かわせる主な要素となっている。中国の急速な高齢化の問題は深刻で，中国の第5回国勢調査のデータは，全国の総人口がすでに13億人に近づき，そのうち60歳以上の老人人口が1億3,200万人，総人口に占める比率が10.4％に達し，中国がすでに高齢化社会に入っていることをはっきりと示している。米国の国勢調査局の統計と予測によれば，65歳以上の高齢者の比率が7％から14％に増加するのにかかった時間は，フランスが115年，米国が66年，日本が30年であるが，中国はわずか25年である。70年代に中国が人口の伸びを抑制するためにとった一人っ子政策のマイナスの作用が20世紀末にはっきりと現れ，その1つが人口高齢化の加速であり，しかも経済がまだ発展途上の段階に高齢化社会が訪れる。予測は2030年に，中国の高齢化が世界各国における高齢化と比べてもさらに深刻なものとなることを示している。

(2) 労働需給関係が厳しく，失業保障への圧力が巨大

　人口と就業の問題は長期にわたり中国の経済・社会の発展を悩ませてきた深刻な問題であり，同時に，社会保障事業の発展も巨大な人口と就業圧力の制約を受けてきた。就業は社会保障の基礎であり，個人にとっても家庭にとっても，就業は貧困の回避と依存性脱却の信頼できる方途であり，社会保障基金についていうと，就業は基金収入増加，支出減少の最も効果的な方途でもある。中国は人口が極めて多く，就業に関わる業務を立派に行うことは長期にわたる困苦をともなう仕事である。ある学者は，人口が多く，就業問題が深刻であるといった中国の基本的な国情から就業促進を基本的な国策および政府の活動目標の1つとしなければならないと提案している。

(3) 不健全な法律体系

　ここ数年，社会保障業務は繁雑でかつ重要な任務となってきており，また，任務に対する圧力も大きくなっている。社会保障系統の専従要員はさまざまな困難を克服し，"保険加入カバー率の上昇"，"社会保障基金の徴収納付率の上昇"と期日通りに十分な額の年金を給付すべく苦しい努力を重ねてきた。これに関わる2つの条例が出され，外部業務環境改善のためのいくつかの障害が一掃された。しかし，いまだに社会保障法律体系の建設任務はかなり繁雑・重大で，差し迫ったものである。立法は法に基づく行政執行の前提と基礎であり，法律が健全でないと，新しい制度の確立は困難となり，社会保障事務の管理・監督の展開も困難となる。

(4) 都市と農村労働者の社会保障上の不公平性

　ここ20年，中国の社会経済発展の過程において，農業労働力の非農業への移転が続いており，現在，さまざまな形式で都会に入って仕事に就き，生計を立てている農業人口は約5,000万人前後を数える。中国の専門家は，中国の現在の工業化水準から見て都市化率は50％に達しうると見積もっており，世界銀行の報告（1997年）では60％と見ている。現在，中国の実際の都市化率はわずか30％にすぎない。したがって，都市住民あるいは職員・労働者を主なカバー対象と

する社会保障体系は農民労働者の問題を軽視することができないし，さらに，都市化率と郷鎮企業職員・労働者の社会保障問題を軽視することはできない。

(5) 日増しに深刻となる社会保障基金の積立不足

　社会保障資金の財務危機は各国の社会保障制度が直面する共通の難題であり，社会保障改革の実施は国際的に共通した動きである。経済発展の点で中国はまだプレ工業化の段階にあるが，西側諸国よりも大きい保障福利制度の負担と，ポスト工業化国家が直面しなければならない社会保障改革の任務にも直面しなければならない。特に，中国では社会保障改革において資金の問題は際だった矛盾となっている。西側諸国では経済的実力が大きいにもかかわらず，政府にとって社会保障はそのまま継続することが困難な重い負担となっている。中国の社会保障改革の趨勢は個人，市場および社会の多方面の積極的な役割を発揮させ，政府ができるだけ"最後に舞台に登場する花形役者"の役を演じるようにさせることにある。中国政府が直面している社会保障の問題は極めて多く，しかもいくつかの問題は一刻の猶予もできないものとなっており，短期的な応急措置を制定するときは必ず長期の発展目標および良好な運営メカニズムと合うようにしなければならない。当面，政府は必ずその財力でどのくらいのことができるのか，どの程度までやるのかということに基づいて，長期的な観点から討議し，実行しなければならない。

　社会保障基金の面において際だっているのは基本年金基金財務である。現在この基礎は極めて脆弱であり，一部地区はすでに危機に陥っている。年金基金の収支から見てみると，1997年，全国で5つの地区で収入が支出に追いつかない状況が出現しており，1998年には21に拡大し，財政補助を差し引いた基金赤字は187億元に達していた。天津，吉林などの4省・直轄市は基金の累積積立金を使い尽くしてしまっており，いつでも危険な状況になる可能性がある。いくつかの省・直轄市は保険料の統一納付の行政クラスが高くなく，基金調整機能に限界があり，期日通りに十分な額の年金支給を保障することができていない。1999年6月末以前に給付が滞った年金は146億元に達していた。このため，中央政府は1回でそれまで滞った給付勘定を被保険者に返済，2000年の中央財政の支払いは300億元を超過してしまった。年金の長期運営に対する分析から，基

金の積立不足はますます大きくなり，将来の30年間で累計して2兆8,000億元に達するであろう。これには2つの基本的選択肢がある。

　第1は現有の基本年金制度の体系を維持し，基本年金制度以外のさまざまなチャネルを通じて資金を調達し，これによって年金基金を補充し"隠れ債務"の問題を徹底的に解決するとともに，個人口座で生じている"空口座"を補塡し，これによって現有制度の正常な運営を維持することである。中国の一部学者は，さまざまなチャネルによる資金調達の方式を採用することによって問題を解決することを提案している。これらの方式には，一部の国有資産の換金(売却)，財政支出構造の調整，特殊国債の発行，新しい目的税の導入，株式市場を通しての資金調達，特殊な宝くじの発行などがある。理論的には，これらの意見は成立するが，実際はどのような方式を通じても，一定の時期内に不足する3兆元前後という巨額の資金を調達するのは，極めて非現実的と思われる。しかも資金が調達されたとしても，資本市場が健全でなく，金融体制が整備されていない現在の中国においては，このように巨額の基金の積立ては，経済全体の安全な運営にとり，一種の潜在的なリスクとなる。

　第2は基本年金制度を一層調整・整備し，制度自身を修正することを通じて基金不足の問題を解決することである。根本的にいうと，"隠れ債務"，"空口座"問題の発生は，個人口座の積立てを行うという制度の設計を行ったためであり，伝統を踏襲した賦課方式の基金方式を用いれば，上述の問題は容易に解決することができる。最初に社会統一徴収と個人口座を結び付けた基金方式を設計したのは，主として人口高齢化ピーク時の企業年金拠出率の負担が重すぎるという問題を解決するためであった。計算によると，80％前後の年金代替率を維持した場合，2035年前後の高齢化ピーク時に，企業の年金拠出率は40％前後に達することになり，明らかに企業にとって耐えられないものとなる。しかし実際的には，人口高齢化ピーク時の企業年金負担が重すぎるという問題の解決は，年金代替率の水準を引き下げることにより可能である。もしその時点で基本年金代替率を40％前後に引き下げた場合，拠出率は基本的に現行の20％前後の水準にコントロールすることができるのである。

　上述の2種類の考え方は明らかに異なっている。どちらの方向性を採用したらよいのかという点については，慎重な研究を経た後で決定することが必要で

ある。

　この他，レイオフ職員・労働者の基本生活資金が確実には支給されておらず，現在，企業と社会からの寄付などの資金調達実現率は極めて低いといった問題もある。政府の財政補助は実際には70％を占めている。

(6) 個人口座の空口座運営

　「社会統一徴収と個人口座の結合」といった年金制度を模索・実践するなかで歴史的な隠れ債務を回避することができず，効果的な解決の手順も見つかっていない。したがって，目標は明確であるものの，軌道転換の歩みは極めて困難である。支給圧力に直面して，社会統一徴収基金を個人口座からの給付に流用するといった状況は普遍的に発生している。3年経たないうちに年金の個人口座のなかで空口座が1,900億元に達してしまった。

(7) 国有企業の負担が重すぎ，社会化の程度が低い

　ここ数年，国有企業改革に呼応して，社会保障体系の整備において，いくつかの政策・措置が次々に登場している。しかしながら，全体的に見てみると，国有企業は依然として本来社会が担うべき保障の責任と事務から抜け出していない。このことは主として次の2つの面で見られる。1つは，資金調達のチャネルが単一で，基本的には企業から来ており，個人負担が比較的少なく，財政投入に限りがあることである。企業の各種社会保険の費用納付率は平均で30％に達しており，これに住宅積立金調達比率が加わり，費用納付率はさらに高くなっている。このため，企業が社会保険料を拠出しないといった状況が随所に見られ，基本年金の納付不足総額は400億元近くとなっている。高齢化のピークが間近に迫っていることや制度移行の費用が徐々に増えてくるのにともない，その他の資金チャネルを開拓しなかった場合，ますます多くの企業が苦境に陥ってしまい，すでに実施されている社会保障体系も資金の枯渇によって崩壊してしまうであろう。第2は，大部分の社会事務がまだ企業に残されていることである。年金基金の全額徴収納付は，ここ数年，年金の社会化支給（銀行，郵便局などからの支給）を強力に推進してきたが，多くの社会保障サービス業務が依然として企業から完全に引き離されておらず，レイオフ職員・労働者はま

だ企業のなかにおり，再就業サービスセンター業務の職能は主として企業によって受け持たれている。

(8) 基金価値の保持と増加

賦課方式と比べて，基金積立方式にはその長所があるが，最大の問題は基金価値の保持・増加にある。基金は価値を保持して初めてインフレのリスクを防ぐことができ，価値を増やして初めて積立方式の優位性を示すことができる。現在，社会保険基金は銀行に預け入れるか国債を購入することしかできず，住民個人の貯蓄や国債購入と比べて運用上の優位性を示していない。このような状況は職員・労働者の個人口座資金に対する疑惑を招くだけでなく，価値の保持・増加を実現することもできなくなる。同時に，政府が無理に基金の投資方向を規定したことから，政府が基金価値の保持・増加の責任をすべて負ったのと等しくなっており，往々にして政府部門が日常の投資管理業務に追われることになり，政府本来の職責にふさわしくなくなっている。基金は専門の投資機構によって運営されることが必要で，政府は法律を通じて運営の規範を示すべきであり，自ら基金を運用すべきではない。基金価値の保持・増加を実現するには，整備された資本市場の環境が必要であるが，中国の資本市場は形成途上にあり，こうした環境において基金価値の保持・増加を実現させることはさらに難しい状況にある。

(9) 基本年金の加入対象の拡大

沿海都市では，経済発展の速度も，年金制度改革の歩みも比較的速く，一部地区の年金の加入対象はすでに各種の企業およびその職員・労働者に拡大しており，地区によっては個人工商業者でさえカバーしており，年金一体化が基本的に実現している。すなわち，年金待遇の基準が統一され，保険料率が統一され，管理が統一された年金制度となっている。しかしながら，全国の大多数の外資企業は年金に加入していない。これは社会保険がまだ立法化されていないことのほかに，主な原因は外国側雇用主がコストを下げ，さらに多くの利益を稼ごうとして加入していないことにある。したがって，年金の加入対象を一層拡大しようとするなら，都市年金制度の実施範囲を都市のすべての国有企業，

集団企業，外資企業，私営企業とその他の所有制企業およびそのすべての職員・労働者に拡大しなければならない。そして，条件を備えた地区は都市の個人労働者と私営企業主に拡大する。これによりその地区の範囲内で各種の企業に適用する統一した年金制度を実現することができる。また，政府・事業単位の年金制度改革を逐次加速し，企業と政府・事業単位をもカバーする統一した都市職員・労働者基本年金制度を確立する必要がある。

(10) 管理手段の立ち後れと脆弱な基礎業務

社会保障情報ネットワークの建設は社会保障方針決定と管理科学化のための基本的条件である。しかし中国の社会保障管理の基礎は劣っており，この基礎を改善するための投入資金も不足している。情報ネットワークの建設は甚だしく立ち後れており，社会保障各項目の統計データの信頼性が低く，社会保障の管理と方針決定に少なからぬミスをもたらしている。中央の地方に対する監督・調整でも基本的な技術的手段が欠けている。また，社会保障事務管理機関の管理経費が不足していることも社会保障事業の健全な発展を制約している。

以上のように中国は世界の多くの国と同じく，伝統的な社会保障理論と制度が遭遇している人口の高齢化，基金の財務危機などといった厳しい挑戦を受けており，現行制度をいかに改革するかは極めて大きな問題である。中国にとって，参考に供することのできる成功した，成熟した経験はない。したがって，中国が上述の社会保障問題を解決するにあたっては，多くの試行錯誤を重ねなければならない。

2．現在中国が行っている社会保障制度改革の重要な探究

(1) 中国の社会保障の目標・基準の再認識と調整

伝統的な方式である比較的高い水準の国・企業による負担から，基本年金・基本医療保険・失業保険などを含む基本生活を限定的に保障する方法に調整する。同時に，都市住民最低生活保障制度を確立し，都市のすべての構成員が最低レベルの貧困に対する保障を得られるようにする。

（2）個人口座制度の確立と伝統的な賦課方式・世代間互助制度の欠陥の克服

伝統的な賦課方式・世代間互助制度の致命的欠陥は主として2つの点に現れる。その1つは人口年齢構造の衝撃を受けやすいことで，人口が日増しに高齢化している状況において政府の財政負担に堪えられなくなる。もう1つの致命的欠陥は社会の構成員が政府・企業に完全に依存し，深刻なモラル・ハザードが生じていることである。

個人口座制度の導入は，個人口座が個人の所有に帰し，積立てが多ければ多いほど利益を多く得ることになるため，モラル・ハザードを効果的に回避し，勤勉な者を奨励し，怠け者を罰する市場メカニズムの効果を発揮させることができ，効率的である。ただし個人口座制の導入，賦課方式から個人口座積立制への移行が直面する重要な難題は，現在保険料を納付している人々（中国では中人という）が直面している二重負担の問題をどう解決するかということである。世界で個人口座を確立している国々を見ると，シンガポール・香港などの国は新しく確立した制度であるため，移行コストはない。しかしチリと南米の一部諸国は，旧制度が破産し，新しく確立した制度の移行コストは国が"老人"（年金支給対象者）に対して最後まで責任を持ち，"中人"に対しては政府の債券発行によりこれを1回で清算することによって，すべての人々に対し国が負担することになった。資金は国有資産の譲渡・換金を通じて解決した。次の3番目のケースは英国，オーストラリア，米国などで，これらの国は国の基本年金を実施すると同時に，個人口座制度を別途作り，政府は税金優遇政策を用いて企業年金制度の発展を奨励するとともに，国の基本社会保障の保障水準を徐々に引き下げた。中国は実際的には上述の3番目の方式を採用し，個人口座制度の役割を徐々に発展させる。

（3）3階層の年金体系の整備

中国は市場経済国家において採用されている「3階建て」年金体系という考え方を採用する。

第1の階層は政府が運営する基本年金（現行の国家基本年金制度における社会統一徴収基金に相当する）で，政府立法による強制的実施を採用し，統一徴

収，互助の原則で，都市のすべての在職のすべての労働者（公務員を含む）と退職者（所有制の性質を分けず，企業・政府・事業単位を分けずに統一した制度を実行する）をカバーし，社会統一徴収の方式で保険資金を調達し，基金の方式は賦課方式とする。年金の待遇は基本低水準（代替率約30～40％）を維持する。

　第2の階層は企業年金保険（現行の国家基本年金制度における個人口座部分と企業年金をあわせたものに相当する）で，企業（単位）を単位とする年金制度の階層であり，基本年金に対する補充であり，政府は優遇政策を通じて奨励・指導し，国は保険料を税引き前支出に計上することで優遇政策とし，基金の方式は個人口座を主体とする積立てあるいは部分積立制を採用，30％前後の代替率が期待される。

　第3の階層は個人の貯蓄性年金（商業保険としての個人年金保険）で，国は一定の税制上の優遇を与えて推奨する。

(4) 社会保障の基金不足の解決

　中国の社会保障運営の際だった矛盾は基金不足が生じていることである。2000年以来，毎年平均の基金不足額は400億元前後となっている。この問題解決の主な措置は政府が財政支出構造を調整し，社会保障に対する政府の投入を大きくすることである。この他に，中国政府はすでに，国有資本の所有を減らし，新しい税金を開拓して徴収するなどの方法を通じて，さまざまな方面で社会保障基金の調達を探究しつつある。

(5) 改革への第一歩

　以上のような改革思想を基礎として，国務院は独立した社会保障体系の試点を確立することを目指し，2000年12月から中国遼寧省で試験を開始した。これは同月に開催された全国社会保障工作会議と工作会議に基づき出された「都市部社会保障体系の改善に関する試点方案」（国発〔2000〕42号）によるもので，この実験には次の3つの基本点がある。

　　・企業・事業単位から独立した社会保障体系の確立と，資金供給源の保証。
　　　企業の社会保障費用を適切な範囲内に限定することを含めて，政府は社会

保障の財政投入を大きくし，多くのチャネルを通じて社会の保障資金を調達し，社会保障費用の資金供給源が企業拠出によって制限を受けることのないようにする。
・年金対象者・失業者の基本生活保障は，企業経営の影響を受けずに社会保障制度によって保証される。
・企業が社会保障の管理を請け負うやり方から，社会化した管理とサービスに転換させる。

①国家基本年金について
・基本年金の保険の徴収と制度において社会統一徴収と個人口座を結びつけた基本年金制度を堅持し，基本年金費用は企業と職員・労働者が共同で負担する。
・費用納付比率と管理方式については，企業が法に従って基本年金費用を納付し，納付比率は一般に企業の賃金総額の20％前後とし，企業納付部分から個人口座に繰り入れることはせず，全部社会徴収に組み入れる。2001年より省級調整金制度を確立し，各市が当期に徴収した基本年金社会統一徴収基金の5％を省社会保障基金財政専用口座に納入し，その年の各市の年金基金不足の調整に用いる。
・職員・労働者個人の納付規模について，職員・労働者は法に従って基本年金費用を納付し，実験案の実施日から，職員・労働者（農民契約労働者を含む）個人が納付する基本年金費用は賃金の8％とし，全部個人口座に繰り入れるように統一・調整する。したがって，個人口座への納付は賃金の11％から8％に調整される。個人口座貯蓄額の多少は，個人の納付額と個人口座基金の収益によって決まるとともに，社会保険事務管理機関によって定期的に公表される。
・社会統一徴収基金と個人口座基金は分別管理することにし，社会統一徴収基金は個人口座基金を占用することはできない。個人口座基金は省級社会保険事務管理機関が統一して管理し，国の規定に従って銀行に預け入れ，すべて国債の購入に用い，これによって基金価値の保持・増加を実現する。運営収益率は銀行の同期の預金利率を上回らなければならない。
・基本年金の水準および年金受領の法定年限の問題に関しては次のとおりで

ある。基本年金は基礎年金と個人口座年金で構成される。職員・労働者（農民契約労働者を含む）が法定退職年齢に達し，個人納付年限が満15年となるものは，基礎年金の月間基準を職員・労働者が退職したときに所在した市（地区）の前年度職員・労働者月平均賃金の20％とし，納付年限が15年を超える者は，1年超過するごとに所在する市（地区）の前年度職員・労働者月平均賃金の0.6％を追加支給し，全体の水準を30％にコントロールする。すでに退職している者は，以前の規定に従って年金が支給される。個人口座が確立される前に仕事に就いていた者は，退職後に基礎年金と個人口座年金の支給の他に過渡的な年金が支給される。過渡的な年金の計算支給方法は以前と変わらず，ほかに過渡係数を1.2％に統一・調整した。
・基本年金の水準調整問題は，省政府が国務院の規定に従って実施する。年金の支給項目については，国の要求に従って規範化する。国が規範を統一するまでは，現在の退職者が月ごとに享受する生活物価補塡手当，もともと定められている項目・基準・支給方法は変わらない。今後は補塡手当の形式で退職者への待遇を増やすことはしない。
・基本年金受領の条件を備えていない者の保障問題については次のとおりである。基本年金の保険料納付に加入したことがなく，現地政府によって生産経営能力がなく年金費用を拠出する力がないと認定された都市集団所有制企業は，改めて年金保険料納付の範囲に組み入れることはしない。退職している職員・労働者本人には現地政府の民政部門から企業所在地の都市住民の最低生活保障基準に従って生活費が毎月支給される。
・企業年金（これまでの企業補充年金と同じ）確立の問題については，条件を備えた企業は職員・労働者のために企業年金を設置するとともに，市場化した運営と管理を実行することができる。企業年金は基金完全積立方式とし，個人口座方式を採用し管理する。保険料は企業と職員・労働者個人が納付し，企業の納付は賃金総額の4％以内とし，コスト算入できる。
②政府・事業単位の職員・労働者退職制度改革について
　政府・事業単位の退職制度改革の実験を行っている地区は，引き続き制度整備および規範化を行わなければならない。
③都市職員・労働者の医療保険制度改革に関する遼寧省のステップは次のと

おりである。
・全省の都市職員・労働者基本医療保険は省の直轄市を統一した徴収単位とし，これが困難である時は市・県（県クラスの市を含む）の行政クラスでの統一した徴収メカニズムを暫時実行することができる。
・基本医療保険費用は雇用単位と職員・労働者双方が共同で負担する原則に従い，安定した基金調達のメカニズムを確立する。
・基本医療保険基金は社会統一徴収と個人口座の結合を実行する。個人の納付は全部個人口座に繰り入れ，雇用単位納付の30％前後は個人口座に繰り入れ，残りの部分で社会統一徴収基金を作る。個人口座は主として小さな病気または外来診療の費用に用い，社会統一徴収基金は主として大病または入院の費用に用いる。
・多階層の医療保険体系を徐々に確立する。全省範囲で国家公務員医療補助規定を実行に移す。職員・労働者高額医療費補助規定を実施し，基本医療保険最高支給限度額以上の医療費を適切に解決する。社会医療救済制度の確立を模索し，貧困者群の医療問題を解決する。条件を備えた企業は職員・労働者のために補充医療保険を確立し，賃金総額の4％以内の保険費用はコスト算入できる。
・国務院の要求に従い医療保険制度，医療衛生体制と薬品流通体制の3項目の改革を同時に推進し，「比較的低い費用で質が比較的優れた医療サービスを提供する」という改革の目標を実現させる。
④国有企業レイオフ職員・労働者の基本生活保障の失業保険への一体化を推進する問題に関して，遼寧省のステップは次のとおりである。
・一体化のスケジュールは，2001年1月1日からとし，国有企業は再就業サービスセンターを改めて設置することはせず，3年かけて失業保険への一体化を順序立てて完成させる。
・国有企業レイオフ職員・労働者の基本生活保障の失業保険への一体化業務の段取りは，1年目に任務の40％前後を完成させ，主として法に従ってその年に協定期限が満了してセンターを出るレイオフ職員・労働者と，センターを出たが労働関係を解除していないレイオフ職員・労働者の労働関係を解除する。2年目に任務の30％前後を完成させ，主として法に従ってそ

の年に協定期限が満了してセンターを出るレイオフ職員・労働者と，一部の労働関係を解除すべきであるがまだ残された職を離れた労働者の労働関係を解除する。3年目に任務の30％前後を完成させ，主として法に従ってまだセンター内に残る一部のレイオフ職員・労働者と，大部分の労働関係を解除すべき残された少数の職を離れた労働者の労働関係を解除する。
・企業と労働関係を解除したレイオフ職員・労働者は，法に従って失業保険または都市最低生活保障の待遇を受ける。
・退職の条件を備えていないレイオフ職員・労働者の身の振り方は，法定退職年齢に5年不足，また，勤続年数が満30年となり，再就業が困難であるレイオフ職員・労働者については，企業内部退職を実施し，企業が基本生活費を支給するとともに，規定に従って引き続き社会保険費用を納付し，退職年齢になったときに退職の手続きを正式に行う。
・失業保険の就業促進作用を十分に発揮させる。実際の必要に従い，前年度徴収の失業保険費用総額の10％を超過しない範囲で職業トレーニング，職業紹介補助手当を支給し，失業者の再就業に用いる。この2つの項目の補助手当は失業保険基金の予算に組み入れることができる。

⑤都市最低生活保障制度の整備

遼寧省の実験においては，条件に適合する都市貧困人口を最低生活保障の範囲に組み込むとともに，その他の社会保障制度とリンクさせて業務をより良く遂行する。都市最低生活保障は，国の保障と社会の援助を結びつけることを堅持し，労働によって自己を救済する方針を奨励する。都市最低生活保障基準は，市・県（県クラスの市を含む）政府が現地の都市の基本生活を維持するのに必要な費用に基づいて確定する。都市最低生活保障に必要な資金は，地方各級人民政府が財政予算に組み込み，財政専用口座で管理し，他に流用してはならない。

企業の組織・機構改革と有限会社への転換，そして，産業構造調整の過程において出現した特殊で困難な状況にある人々に対して，特に中央・省直属国有企業と都市集団所有制企業の在職職員・労働者，レイオフ職員・労働者，退職者およびレイオフ職員・労働者基本生活保障の失業保険への一体化の過程におけるレイオフ・失業者は，規定に従って受けるべき待遇を

計算した後，家庭の1人当たり平均収入が依然として現地の都市最低生活保障基準を下回る時は，最低生活保障の待遇を受ける。

⑥社会保障資金の調達と管理

遼寧省政府は，財政支出構造を調整し，社会保障の支出を徐々に増やし，財政支出に占める社会保障支出の比率を徐々に15〜20％に引き上げる。予算を超過した収入は，法定支出を保証するほか主として社会保障資金を補充するのに用いる。同時に，社会保障の立法を整備し，社会保障の監督を強化し，社会保障の管理とサービスの社会化を推進する。

国務院が遼寧省の実験を承認した後，各省・自治区・直轄市は現地の実際状況について行った調査研究を基礎に，2001年9月末までに合計13の省・自治区で14都市が実験都市となった。その他の省・自治区・直轄市は現地の実際状況に基づき，当面は実験地区を確定しないことを決定した。

実験実施を決定した省・市は河北省の秦皇島市・廊坊市，湖南省長沙市，四川省宜賓市，貴州省安順市，湖北省荊門市，青海省西寧市，山西省陽泉市，内蒙古自治区伊克昭盟，甘粛省金昌市，河南省焦作市，福建省厦門市，安徽省蕪湖市，寧夏回族自治区石嘴山市などである。14都市はすでに実験都市として正式に確定されている。実験都市の中では12の実験都市が社会保障体系整備総合実験を行っており，河北省秦皇島と廊坊の2市はそれぞれ企業年金制度整備および国有企業レイオフ職員・労働者基本生活保障の失業保険制度への一体化の実験を行っている。暫時実験を行わないと決めた省・自治区・直轄市も，現行の社会保障制度を引き続き整備し，実験案に対する調査研究・推計・論証作業などといった準備作業を進める考えを表明している。

第2節　基金とその財務状況

1．社会保障基金の構成および基本的状況

中国の社会保障体系には社会保険，社会救済，社会福祉，社会優待，社会互助と地域社会サービスが含まれる。社会保険の資金は主として雇用主と被雇用者の納付から来ており，その他の保障項目の資金は主として地方と中央の財政支出による。社会保険には年金，失業保険，医療保険，労災保険と出産育児保

険の 5 種類が含まれる。年金と医療が一部積立の資金調達方式を実施している以外，その他の保険項目は基本的には賦課方式または若干翌年に残高を繰り越しできるような水準で納付と支出を行っている。2000年，年金の企業納付率は全国平均で20％，個人納付率は 6 ％，年間基金総収入は2,278億元（中央財政と地方財政の補助を含む），総支出は2,115億元で，年末の基金繰越残高は947億元であり，失業保険の企業納付率は 2 ％，個人納付率は 1 ％，年間の基金収入は160億元，支出は68億元，年末の基金累計残高は196億元である。医療保険の企業納付率は全国平均で 6 ％，個人納付率は 2 ％，年間の基金収入は170億元，支出は124億元，年末の基金累計残高は89億元，労災保険の企業平均納付率は 1 ％，年間の基金収入は25億元，支出は14億元，年末の基金累計残高は58億元，出産育児保険の企業平均納付率は0.8％，年間の基金収入は11億2,000万元，支出は 8 億4,000万元，年末の基金累計残高は16億8,000万元となっている。

　年金は社会保険においてカバーする人口が最も多く，基金の規模が最も大きい保険の 1 つである。2000年末現在，年金に加入している従業員は 1 億400万人，退職者は3,170万人である。この他，全国で企業年金に加入している就業者は560万人で，全国の企業年金基金繰越高は192億元である。全国の農村年金の加入者数は6,172万人で，年末の基金繰越残高は195億5,000万元である。

2．社会保障基金に影響するリスク要素分析

(1) 扶養比率の上昇

　2000年に行われた第 5 回全国国勢調査の主要データ公報によれば，中国の人口年齢構造には比較的大きな変化が発生しており，高齢化の進行が加速している。総人口に占める65歳以上の人口の比率は6.96％で，1990年の第 4 回国勢調査と比べて1.39ポイント上昇した。2030年には，社会の高齢者人口の比率は14％に達するものと予測される。人口の高齢化は費用を納付する職員・労働者の退職者に対する扶養比率の上昇を招いており，年金基金は収入減少と支出増加の二重の圧力に直面する。

　扶養比率の変動は人口構造の変化の影響を受けるほか，退職年齢も重要な要素である。中国の法定退職年齢は男性60歳，女性幹部55歳，女性労働者50歳で

あり，特殊な職種の職員・労働者は5年繰り上げて退職することができる。英米等の先進国と比べて，中国の法定退職年齢は5年から10年早く，また，ここ数年来の体制改革の過程で，少なからぬ地方と業種が規定に違反して大量に繰り上げ退職を行っており，実際の退職年齢はさらに2歳ほど早まっており，扶養比率もこれにともなって高くなっている。

(2) 管理水準が低い

全国の平均水準から見てみると，現在の社会保障の管理は，基礎インフラが整備されておらず，管理が要求に追いついていない。基金は徴収すべき分の徴収と支給すべき分の支給をしておらず，また，積み立てられている基金にも占用・流用といった事態が発生しており，基金の流れが不透明である。たとえば，保険費用の納付基準となる平均賃金は常に職員・労働者の平均賃金を下回っており，1999年の納付のための全国平均賃金は統計の基準賃金総額の85%で，これだけで収入は262億6,000万元少なくなっている。低い納付基数は納付率（保険料率）の引き上げをもたらしており，統計の基準に従うと，1999年に必要な納付率は22.7%であるが，実際の納付率は26.6%に達している。高い納付率は徴収納付率を引き上げにくくしており，2001年上半期，徴収納付率は0.81ポイント低下し，基金収入はこれに相応して約7億元減少した。この他，保険加入者数と納付者数が合致しておらず，企業の経営悪化等の原因による滞納，および年金のうその届出，人の名をかたった受領等の現象も基金の流失をもたらしている。企業の基本年金基金累計残高は持続的に減少し，基金の支持能力は一層弱まり，基金の当期収入が支出に追いつかない省・市が徐々に増加している。1997年に基金の収支のつり合いがとれなかった都市は5市を数え，1998年は21市に拡大し，1999年には25市に増加している。基金の積立不足は187億元，2000年の基金積立不足は360億元で，2001年の年間基金積立不足は400億元を超過することが見込まれる。

しかし，アジア開発銀行の中国年金改革に関する研究報告によると，死亡率，出生率，性別比率，都市化率，加入率，徴収納付率，労働参与率，インフレ率，利率，賃金伸び率などパラメータについて適切な仮定を行った後，納付率が現行の25.33%の水準を変えないと仮定すると，賦課制度のもとにおいて，基金は

2004年までは赤字が出るものの，その後は年間の収支が黒字となり，2052年まで黒字をずっと維持することができる。その後，再び年間収入が支出をまかなうことができなくなる状況が出現するが，それまでに残された資金で制度は2079年まで維持することができるという。計算の結果と中国の現在の実際状況とはかなり大きな違いがある。これは管理が正しく行われておらず，徴収すべき金が徴収されず，徴収した金の管理がうまく行われず，上手に使われず，基金が流失してしまっていることと大きく関係している。

(3) 統一徴収の行政クラスが低く，基金調整能力が劣る

現在，全国の省・直轄市政府で文献を公布して基本年金基金の省級または直轄市レベルの統一徴収を実行したのは僅かに14しかなく，その他の統一徴収単位はいずれも地区・市あるいはその下のレベルの県である。省級徴収制度の規定を公布している省・直轄市のうち，統一した納付比率，統一した待遇基準，統一した調整基金制度，統一した管理をきちんと実行しているのは北京，天津，上海，陝西，福建の5省・直轄市だけである。2000年末現在，全国でさらに11省が基本年金基金の省級調整制度の実施を決定しているが，制度は実際には実施されておらず，管理規定も規範化されていない。また，調整金の上納が困難で，調整力が小さい等の問題がある。統一徴収地区が異なると扶養比率，賃金水準，加入率，徴収納付力，年金方式がいずれも同じでないため，各省・直轄市の基金余剰，不足の状況も一様ではない。2000年の当期納付基金残高は46億3,000万元だが，この62％の残高基金は東部7省に集中している。全国的な統一徴収制が実行されていない状況において，基金に残高があってもこれを利用することはできず，基金に不足があるところは財政が必ず補助しなければならず，社会統一徴収基金のリスクに対処する能力に影響し，中央政府の年金基金に対する財政補助政策にも影響する。

(4) 制度設計に欠陥が存在する

新制度は個人口座の累計金額を120（10年分で120ヵ月）で割るとともに，毎年賃金増加にともなって一定の比率で調整すると規定している。多くの専門家は，こうした計算支給方法は気前が良すぎると指摘する。なぜならば120に込

められている退職後の平均余命は10年であるが，現在の法定退職年齢においては，女性労働者，女性幹部と男性職員・労働者の2000年に退職した後の平均余命はそれぞれ16.49年，14.72年と12.28年だからである。口座基金のバランス論に従って綿密に計算すると，120を除数とすることに込められている退職期間の物価要素を差し引いた投資リターンは，男性については年6％，女性については9％となる。比較してみると，米国では1926～99年の期間，国内の株式60％，債券40％の組み合わせによる実際のリターンはわずか年5.7％である。このことは，上述の計算支給方法は実現が困難な市場リターンを必要としているということであり，制度には破産リスクが潜在していることになることになる。

次のように考える専門家もいる。個人口座の投資リターンが賃金の伸び率に等しいとしても，120を除数として出てくる代替率はやはり38.5％前後にすぎず，20％の社会統一徴収年金部分を加えて，ようやく58.5％の目標代替率に達する。実際の状況は，個人口座が"空口座"で運営されているため，その"価値増加率"は記帳利率で表示されることになる。しかし記帳利率は一般にいずれも1年定期銀行預金利率で，最高で賃金の伸び率を超えないように規定されている。ところが中国のここ十数年の賃金伸び率は銀行の預金利率をはるかに上回っており，1990～99年の10年間，銀行の利率，国債の収益および職員・労働者の平均賃金伸び率は各々8.16％，10.16％および16.32％であった。こうした状況はこれからの10ないし20年内は存在すると予測され，したがって，個人口座の"価値増加率"は長期にわたって職員・労働者の平均賃金伸び率を下回ることになる。退職時の代替率が58.5％に達するのを保証することは極めて困難である。

以上述べたことをまとめると，個人口座の記帳利率と賃金伸び率および投資リターンとの間の長期の差は，個人口座がどれほど大きな程度の退職後の保障を提供することができるかについて，知ることができないようにしているように見える。そして個人口座のリターンが賃金伸び率を上回るときだけ，個人口座の設計が初めて意義のあるものとなるのである。予測に基づくと，投資リターンが賃金伸び率に相対して1ポイント高くなるごとに，個人口座年金が提供できる代替率は8ポイント高くなる。個人口座金額の不確定性は職員・労働者個人の年金のリスクを大きくしている。同時に，超高齢人員の退職金支払いと

統一徴収区域間の個人口座の基金移転等の潜在的リスクも，政府の責任リスクを大きくしている。この他，年金調整メカニズムの地区間の差異と任意性も，年金基金の収支における中長期的予測とバランスに数多くの困難をもたらしている。

(5) 隠れ債務または制度転換費用の確定と調達

　隠れ債務の一般的概念は，賦課制度における確定給付型年金計画の職員・労働者と退職者の年金待遇に対する約束との乖離を指しているが，われわれが述べている隠れ債務はもっぱら賦課制度から資金積立の個人口座に移行する過程において，制度の正常な運営を維持するのに必要な転換費用を指す。この費用には将来の新制度において依然として保留される賦課制度の部分の年金を含むべきではない。新制度への移行が一度に実現しないこと，すなわち古い制度が直ちに中止されないことを再度考慮し，しかも"老人"に対して現在支給している待遇と"中人"に対して約束している待遇を引き続き賦課の基金収支方式で運営した場合，企業の納付率が低下しないという状況において，政府が別途調達する必要のある移行費用額はこれまでの一部の巨額な推計値に比べて大きく低下するようになる。"中人"と"新人"の個人口座は逐次増え，"老人"は逐次退出する。これにより賦課方式の基金の支払い総額は縮小する。

　隠れ債務または移行費用に対して異なった理解があり，さらにサンプル抽出，パラメータ選定等のさまざまな違いが加わるため，国内外で行われている多くの研究には大きな違いが見られる。たとえば，1996年の世界銀行のある計算結果では1兆9,200億元の不足であり，2000年の国務院体制改革弁公室の計算では6兆7,000億元の不足であるが，労働社会保障部の最近の研究成果は，社会統一徴収基金の総積立不足は2兆2,000億元となっている。異なった転換費用は異なった資金調達政策と措置に対応しており，計算結果の違いは政府が個人口座の時限選択と資金調達政策を行うのに影響する。政府はどのくらいの制度転換費用を負担しなければならないのか，国有株の所有を減らしてどのくらい隠れ債務を補填することができるのか，どのくらいの特別な資金調達のチャンネルが必要であるのか等々は，いずれも必要な転換費用の大きさと期限に関係する（ＢＯＸ12）。

> **BOX12　労働社会保障の新推計**
>
> 　新推計は2000年に作られた「中国養老保険基金の計算と管理研究」課題組による研究結果であり，第2章第2節の論文執筆者は当課題組の一員である。課題組の研究成果は後でも引用されるが，これは2001年5月に労働社会保障部法制司，同部社会保険研究所，博時基金管理有限公司著『中国養老保険基金測算与管理』として2001年に経済科学出版社から出版されている。

(6) 基金の投資運営リスク

　社会保障基金の運用について，現在は銀行預け入れと国債購入だけしか許されていない。しかし「中国社会保障基金の計算と管理」によると，1993年以来，年間の中国国内A株の平均収益率，銀行預金収益率と国債収益率はそれぞれ19.21%，7.31%と12.08%である。職員・労働者の年間平均賃金伸び率は16.31%である。証券市場の年間リターン率は賃金の伸び率を上回り，銀行預金と国債の収益率は賃金の伸び率を下回っている。年金基金の運用を銀行預金と国債だけに限ったならば，実際には基金に対して効果的な価値保証・増加を実行しえないことになる。2，30年の投資の後，個人年金は制度が設計された時に期待した代替率を提供することができなくなる。もちろん，収益のボラティリティーでリスクを量ってみると，A株市場のリスクは国債市場と銀行預金を上回っており，これらの年間収益率のボラティリティーはそれぞれ，29.87（上海証券市場総合指数），76.59（深圳証券市場総合指数），4.37（国債3年物）と3.15（銀行1年定期）である。

3．中国の社会保障基金のリスク防止措置

　上述のリスク要素に対応して，中国政府はさまざまな手段を採用し，社会保障基金が直面しているさまざまな問題を防止・解決しなければならない。

　①保険加入率を引き上げ，都市化の進行過程を速め，繰り上げ退職を抑制し，ひいては退職年齢を引き上げ，扶養比率を改善し，基金の財務圧力を減らす。

　現在，中国の年金加入はまだ主として国有企業に集中しており，2000年の国

有企業，集団所有制企業，その他の企業，私営業主・自営業者・個人工商業者の保険加入率はそれぞれ100％，59％，25％と18％である。年金の加入対象範囲が現在の保険加入者から，5年の時間をかけて都市のすべての職員・労働者に拡大されたと仮定すると，扶養比率はおよそ3ポイント低下することになる。労働社会保障部の計算によると，退職年齢を65歳まで徐々に延長した場合，2030年には扶養比率は24.3％となり，4人の職員・労働者で退職者1人を扶養することになる。扶養比率の低下は，年金基金のバランスを大きく改善させ，退職年齢の延長によって，年金基金の積立不足の総額は2兆2,000億元から1兆1,900億元に低下し，基金の赤字運営期間は34年から22年に短縮する。

②管理水準を高め，資金の徴収納付，管理から支給に至るまで，それぞれの段階を厳密にコントロールし，徴収すべきものは徴収し，支給すべきものは支給することを徹底し，資金を安全に保管する。

まず，コンピュータ管理技術により，企業が統計部門・会計監査部門と社会保険部門に報告する賃金総額を即時相互にチェックできるようにし，納付基数が職員・労働者の平均賃金を下回るという漏れを防ぐことを最大限実現できるようにする。第2に，費用差額納付支出を全額納付支出に改め（ＢＯＸ13），収支両面からの管理を実行し，基金の占用・流用を効果的に抑制する。現在実施中であるが，収支両面の管理はかえって資金の振替段階を増やすことになる。保険費用を徴収するとき，保険料はまず最初に社会保険収入口座に入り，さらに収入口座から財政専用口座に振り替えられる。支出の際には，まず財政専用

ＢＯＸ13　納付支出制度の変更

費用差額納付とは企業が保険費用の納付義務額と企業の退職者への保険支払い額の差額を社会保険事務管理機構へ納付する方式を指す。企業が個別に社会保障を行っていた時代から社会的な保険制度へと転換（社会化）する時に採用された方式である。今では，全額納付支出に改められつつある。もっとも，社会保険事務管理機関の納付強制力が弱いことから徴税部門による保険費用の徴収に変更される方向にあり，これによって納付漏れを防いでいる。一方，保険支給は銀行・郵便局を通じ対象者に直に支給（社会化支給）されるようになってきている。

口座を経て社会保険支出口座に繰り入れられ，さらに支出口座から退職者の銀行口座に振り込まれる。これは基金資金の流動時間を長くし，基金の流動効率に影響を与えている。第3に，企業または社会保険事務管理機構が支給する方式から銀行などによる社会化支給を全面的に実行することに改める。これに財政資金の支持が加わったため，今では支給が滞る現象は大きく減少した。

③社会統一徴収の行政レベルを引き上げ，基金の耐リスク能力を強化する。

社会保険の基本的原理から見ると，1つの制度は加入する職員・労働者が多ければ多いほど，基金調整使用の効率はますます高くなり，制度のリスクに対処する力もますます強くなる。したがって，全国統一徴収をできるだけ速やかに実現させることを当然の方向とすべきである。現在の全国年金基金の支払い能力が極めてアンバランスで，積立不足が日増しに大きくなっていることから見ても，全国統一徴収を実行することは異なった地区間の年金の調整に有利であり，中央が年金の移行支払管理を規範化するのにとって有利である。ただし，現在の年金計算支給方法と徴収項目などが全国的に完全に統一されておらず，社会保障情報システムが整備されていないこと，さらに，相応する管理規範と監督体系も確立されていないことを考慮すると，全国統一徴収の推進は必ず大きな困難にぶつかるであろう。また，市・県が省に依存し，省が中央に依存するというモラル・ハザードを誘発する可能性もある。したがって統一徴収の行政レベルを高めるには，まず省級徴収の実現を速め，年金制度の統一を実現し，同時に中央調整金の制度を確立し，中・西部の個別の省における積立基金不足問題の解決に向けた応急手段とすることが考えられる。そして条件が成熟するのを待って，改めて全国統一徴収に徐々に移行する。

④多くのチャネルを通じて年金基金の資金を調達する。

人口高齢化および新制度への移行コストのため，納付される年金基金に頼るだけでは比較的大きな資金不足が存在することになり，その他のチャネルを通じて資金を調達し，基金のバランスと制度の平穏な運営を維持する必要がある。このために，国はすでに毎年財政収入の中から資金を支出して基金不足を補助している。2000年に中央財政は年金補助に326億元を支出した。2001年6月，国務院は「国有株式持分減少により調達した社会保障資金の管理暫定規定」を公布し，およそ国が株式を所有する株式有限公司（国外上場公司も含む）が一般

投資者に最初に株式を発行または増発する際，放出する国有株の10％に相当する額を上納する。上場企業の未流通国有株式の売却収入は，全額全国社会保障基金に上納すると規定した（ＢＯＸ14）。この他，国は社会保障宝くじの発行，特別税の新設・徴収等の方式で社会保障基金を調達することを考慮している。

ＢＯＸ14　全国社会保障基金と国有株の放出

　全国社会保障基金は，全国社会保障理事会が管理する基金で国有株の放出資産や社会保障宝くじの収益金の80％などの社会保障財源がここに集められている。理事会は2000年11月に作られた国務院直属の部クラスの組織である。全国社会保障基金の投資については2001年12月の「全国社会保障基金投資管理の暫定規定」によって定められており，その内容は以下のとおりである。

投資可能範囲	銀行預金・国債・流通性のある株式・投資資金・投資適格以上の企業債・金融債	
投資割合	銀行預金と国債	50％以上
	銀行預金	10％以上
		ただし，1銀行当たりの預金を預金総額の50％以下とする
	企業債と金融債	10％以下
	証券投資基金と株式	40％以下
		ただし，1つの基金・企業証券への投資は各発行額の5％を上限とする
		1つの基金・企業証券への投資は基金資産の10％を上限とする

　リスクを考えて規定が作られているものの，2001年に上場した中国石油化工株式有限公司の株式に対する特定投資家向け投資（上場後一定期間の流通が制限される）に基づく全国社会保障基金の投資は，流通可能になった2002年4月8日現在で2.4億元の損失となっているという（『北京青年報』2002年4月8日）。2001年の基金決算によれば，次のとおりである。

- 資金総額　　　　　　　　　805.09億元
  - うち国債　　　　　　　　264.20億元
  - 預金　　　　　　　　　　519.99億元
  - 中国石化新株　　　　　　 12.66億元
  - 企業債・金融債　　　　　　6.00億元

> | | |
> |---|---|
> | 負債総額 | 0.00億元 |
> | ●財政投入累計 | 795.26億元 |
> | うち前年度分 | 200.00億元 |
> | 本年度分 | 595.26億元 |
> | 財政資金 | 473.48億元 |
> | 国有株 | 121.78億元 |
> | ●収益率 | 2.25% |
>
> 　中国の証券市場は2001年6月以降，大きく値を下げており，このため同年10月に証券取引監視委員会は国有株の放出についての規定の第5条（国内企業の株式発行・増資時についての10％上納ルール）執行を停止した。これは6月以降の株価低迷のなかで印紙税率の引き下げも効果がなく，北京・広州など数都市で証券会社営業部に対する投資家の取付け騒ぎが発生したことによる。上海株式市場は2002年1月に最安値を記録，この時はピーク比40.4％（上海証券取引所総合指数ベース）の下落であった。その後，株価は若干値を戻しているものの，2002年6月には海外上場企業の上納規定を除き，その他すべての国有株放出規定の執行を停止せざるをえなくなってしまった。

⑤個人口座や年金計算支給方法を適時調整する。

　個人口座基金の"空口座"の解消が求められ，口座に資金が投入された時，現在定められている口座の計算支給の方法を必ず変更しなければならず，職員・労働者の退職後の平均余命，年金受領方式と口座残高の投資回収率に基づいて精算する条件のもとで計算支給方法を設計しなければならない。ただし，退職年齢が早く，平均寿命が長いことによって年金水準が低めとな女性職員・労働者の問題については，今後，一層の研究が必要である。

⑥社会保証基金のリスク評価システムを確立する。

　以上の分析から見て，中国の社会保障基金が直面しているリスク要素は異常に多く，また複雑で，一部のリスク防止措置はまた新たなリスク要素を生み出し，互いに交互に影響を及ぼしており，「一対一」の方法だけに依拠して問題を根本的に解決するのは困難であることがわかる。"頭が痛いときは頭を治し，足が痛いときは足を治す"という処理方法を改め，各部分の間のつながりを一面的に隔離することを避けるためには，社会保障基金のリスク評価システムを確立し，社会保障基金が直面しているさまざまな短期的および長期的なリスク

要素を全面的に分析し，リスク防止と解消の措置を統一的に考慮しなければならない。評価システムは評価基準と事前警告システムの2つの部分を含む。評価基準には基金の徴収納付，管理と支給の全プロセスにおける定量化された指標が必要である。具体的な指標体系は，保険加入率，徴収納付率，基金規模，資産組合せ状況，投資回収率と収益分配方法等の内部指標，マクロ経済成長率，失業率，金利と社会保険政策の変化等の外部環境指標に分けられる。事前警告システムは警告状況指標体系，警告徴候指標体系と事前警告方法の3つのサブ・システムで構成される。予測の方法においては，モデルによる事前警告を主とし，警告徴候指標による事前警告と専門家の判断による事前警告を補助とし，年金基金の収支バランス状況，年金基金資産の質および年金基金積立の構成状況に基づき，都市職員・労働者年金制度の財務状況の危険な程度を判断することになる。

第3節　社会保障と資本市場の育成

1．資本市場に対する年金改革の影響

　チリを代表とする年金改革は世界的な社会保障基金化の大きな高まりをもたらした。チリが1981年に年金改革を行ったのに引き続き，90年代に入り，ラテンアメリカおよび世界のその他のいくつかの国もチリにならい年金改革を実施した。これらの国には，ペルー（1993年），アルゼンチン（1994年），コロンビア（1994年），ボリビア（1995年），ウルグアイ（1996年），メキシコ（1997年），ポーランド（1997年），エルサルバトル（1998年）とハンガリー（1998年）が含まれる。これらの国々の改革の範囲と具体的な方法は異なっているが，いずれも年金基金の設置・確立を新制度の重要な構成部分としている。最近，中央アジアのカザフスタンおよび東欧のクロアチアとラトビアを含む一部の国家も，強制的な年金基金の設置についての改革案を採択した。そして，このような強制的な年金制度の実施は人々の年金と資本市場との関係に対する関心を大幅に高めた。資本市場に対する年金改革の影響に関する論述は多いが，これには積極的な評価と消極的な評価があり，積極的な評価とは以下のようなものである。

　①経済全体の総貯蓄水準と投資規模の増加に役立つ。

②証券化と金融派生商品を含めて，金融商品を新しく創出し，個人向け，機関投資家向けを問わず，商品の数量，成熟度と種類を高めるのに役立つ。
③金融市場の外貨取引の厚みを増すのに役立つ。
④資本市場の法律法規体系の整備を催促し，市場の透明度と公正度を高める。
④新興市場の発生と発達に役立つ。
⑥仲介コストを引き下げる。
⑦債務比率と再融資のリスクを低下させることを通じて，企業の財務構造を改善し，資本コストを引き下げる。
⑧長期の国内貨幣市場の確立に役立つ。
⑨外国資本に対する依存度を低くするのに役立つ。
⑩金融機構の専業化を促し，投資の質を高める。

　消極的な意見の主なものは貯蓄が機関投資家の手中に日増しに集中し，短期価格変動を多くしているといったものである。この原因には次の2つがある。第1は機関投資家の取引と投資戦略が市場の流動的局面において一方的な売買圧力を招き，投げ売りあるいは買いあさりを誘発する。たとえば1987年の米国株式市場の崩壊は機関投資家の投資構成のあり方とインデックス・ヘッジ策の相互作用によって引き起こされたものであった。第2は金融派生商品が比較的多く用いられるようになったことも市場の変動を激化させている。これは金融派生商品自体が持つ特性によって起きるものであり，1994年の米国債券市場の波乱は先物の動きが引き起こした変動によってもたらされた。

2．年金基金の基本市場進出の実行可能性

(1) 中国の資本市場の基本状況

　資本市場は長期（通常は1年以上）の資金市場で，株式市場・債券市場・ファンド市場・先物市場と長期外貨市場などが含まれる。なお，中国の先物市場は商品先物が中心であり，為替は実需原則による取引で，株・債券については投機的混乱から規制下にある。
　①株式市場
　1991年に中国で最初の証券取引市場が設立されて以来，中国の株式市場の時

第2章　社会保障制度の問題点と改革の方向　　87

表2-1　国内Ａ株時価総額・流通株の時価総額とGDP比率

(単位：億元)

年度	ＧＤＰ	Ａ株時価総額	ＧＤＰ比（％）	Ａ株流通株の時価総額	ＧＤＰ比（％）
1992	26,638	978	3.67	157	0.59
1993	34,634	3,328	9.61	683	1.97
1994	46,759	3,516	7.52	814	1.74
1995	58,478	3,311	5.66	791	1.35
1996	67,884	9,449	13.92	2,514	3.70
1997	74,772	17,154	22.94	4,856	6.49
1998	79,552	19,299	24.26	5,550	6.98
1999	82,054	26,168	31.89	7,937	9.67
2000	89,404	48,091	53.79	16,088	17.90

(出所)　中国証券監督管理委員会編『2000年中国証券期貨統計年報』財経出版社，2000年。

価総額と流通株の時価総額の伸びは早く，GDP比は着実に増加しており（表2-1），株式市場は徐々に成熟に向かって歩みを進めている。1999年末現在，中国のGDPは８兆2,054億元，株式市場のＡ株時価総額は２兆6,167億元，Ａ株流通株の時価総額は7,939億4,600万元でGDP比はそれぞれ31.89％と9.67％であった。2000年末には，株式時価総額は４兆8,091億元，前年比81.7％増，流通株の時価総額は１兆6,088億元，前年比95.8％増を記録，株式の時価総額はGDP比53.79％と，前年比約22％ポイントも上昇，流通株の時価総額もGDPの17.99％に相当する。

②債券市場

中国の現在の債券市場は主に国債，企業債券と金融債券等によって構成される。1990年以来，中国の債券市場は急速に発達，国債・金融債の残高はますます大きくなり，GDP比も着実に増加している。特に国債はここ数年より急速に拡大しており，伸び率はGDPの伸び率を上回った。2000年，国債・金融債残高はそれぞれ１兆3,009億元と6,982億元で，それぞれGDPの14.55％と7.81％を占めた。これと比べると，社債の発展は相対的に緩慢で，現在でも600億元の残高にすぎない（表2-2）。

③ファンド市場

ファンドの種類には，産業投資基金，リスク投資基金と証券投資基金があるが，ここでは主に証券投資ファンドについて見てみよう。証券投資ファンドは

表2-2　中国の債券残額とGDP比

(単位：億元)

年度	GDP	国債	国債残高のGDP比(%)	金融債券	金融債権残高のGDP比(%)	企業債券	企業債権残高のGDP比(%)
1990	18,548	890	4.80	85	0.46	195	1.05
1991	21,618	1,060	4.90	118	0.55	331	1.53
1992	26,638	1,283	4.82	143	0.54	822	3.09
1993	34,634	1,541	4.45	108	0.31	802	2.32
1994	46,759	2,286	4.89	95	0.20	682	1.46
1995	58,478	3,300	5.64	1,708	2.92	647	1.11
1996	67,885	4,361	6.42	2,510	3.70	598	0.88
1997	74,772	5,509	7.37	3,629	4.85	521	0.70
1998	79,553	7,766	9.76	5,121	6.44	676	0.85
1999	82,054	10,542	12.85	6,447	7.86	876	1.07
2000	89,404	13,009	14.55	6,982	7.81	590	0.66

(出所)　表2-1に同じ，中国債券情報網　http://www.chinabond.com.cn

利益をともに享受し，リスクをともに負担する集合性証券投資の方式であり，投資者はファンドを購入することを通じて証券市場に直接投資を行う。証券投資ファンドはファンド持分を発行して投資資金会社を設立する形式で設立することができ，またファンド管理人，ファンド委託管理人と投資家の三者が基金契約を通じて設立することもできる。中国の現在の証券投資ファンドはいずれも契約型基金である。1997年11月14日，国務院は「証券投資基金管理暫定規定」を認可・公布し，中国の証券投資基金業が規範にあった発展をするための法的基礎を固めた。1998年3月23日，基金金泰，基金開元が発行に成功し，中国の証券投資ファンドがスタートした。2001年末現在，合計15社の基金管理会社が設立され，3社が準備中で，証券投資ファンド51本を共同で管理している。そのうち，3本のファンドがオープン型ファンドで，残りの48本はいずれもクローズド・ファンドである。これらのクローズド・ファンドの存続期間は最短で10年，最長で15年で，規模が最小のものは2億300万元，最大のものは30億元である。1999年のファンド平均正味価値伸び率は15.57%，現金配当収益率は19.5%で，2000年のファンド平均正味価値伸び率は35.24%，現金配当収益率は22.5%であった。

表2-3 中国の株式市場の業績優良株時価総額と流通株の時価総額の比較

(単位：億元)

時間	業績優良株銘柄数	全A株株式銘柄数	業績優良株銘柄数が占める比率(%)	業績優良株の時価総額(Ⅰ)	株式市場総流通株の時価総額(Ⅱ)	Ⅰ／Ⅱ
1995	59	311	18.97	n.a.	n.a.	n.a.
1996	130	514	25.29	423.31	2,505	16.90
1997	200	720	27.28	1,260	4,840	26.03
1998	173	825	20.97	1,461	5,540	26.38
1999	148	923	16.03	2,200	7,984	27.56
2000/10/19	148	923	16.03	3,577	14,517	24.64

(出所) 博時基金管理公司，博時数据分析システム。

(2) 年金基金の資本市場進出の実行可能性分析

年金基金投資の対象は一般的に業績優良の株式である。1株当たりの収益が0.4元を上回る株式を業績優良株と定義した場合，ある分析計算によると，1株当たりの収益が0.4元を上回る業績優良株の数，その市場株式全体に占める比率，業績優良株の時価総額およびその時点の流通株の時価総額との比較情況は表2-3のとおりである。

表2-3に見られるとおり，業績優良株の株式銘柄数が上場のA株銘柄数に占める比率は比較的安定しており，基本的には25％前後で変動している。専門家の経験によると，時価総額の10％以下の資金なら，市場に影響することはないという。このことから，年金基金の株式市場投資の規模は，業績優良株の時価総額の10％以内に限定すべきで，2000年11月9日のデータに基づいて計算した場合，年金基金の市場投入規模は357億元以内にコントロールすべきである。2000年11月9日，中国の株式市場の時価総額は1兆4,517億元であり，中国株式市場の年金基金に対する受け入れ能力は楽観的に見積もると1,451億7,200万元となる。

第2章第2節で示したように，現在の中国の年金基金総積立額は約1,400億元（2002年7月段階では2,000億元強の規模に拡大）であり，そのうちの，たとえば20％を株式市場に投資した場合，現在の業績優良株の規模からいって，市場は投入される年金基金を吸収する能力を完全に持ち，株式市場の激しい変動を引

き起こすことはない。実際には，年金基金の市場への投入自体も株式市場の規模の拡大と上場会社の質的向上を推進することになる。中国の株式市場の発展の経緯と将来の発展の趨勢は，株式市場が高速度で発展するであろうことを示している。したがって，年金基金の市場進出には市場キャパシティの問題は存在しない。

3．年金基金の投資リスクおよび防止措置

(1) 市場リスク

　資料は，年金基金の市場投資収益が比較的高いことをはっきり示しているが，市場にはリスクがあり，周期的，構造的な株式市場の変動は避けることができない。中国の証券取引所の指数は1994年，1995年，1998年と2001年にマイナス成長を示し，1994年の上海証券取引所の総合指数は前年と比べて22％低下し，2001年は前年と比べて21.8％低下した。2001年には投資家数で見て利益を出した人はわずか10.78％で，損失が73.09％を占め，全体の損失水準は24.33％であった。2002年1月14日，上海証券取引所の指数は再度低下し，前年の最低水準であった1,514ポイントを突破し，1,485.11ポイントで取引を終え，ここ2年間における株価指数の最低水準を更新した。これらの年度に年金基金を大量に株式に投入した場合，巨額の損失に見舞われたであろう。退職年齢に近づいている者にとって，損失はとりわけ直接的ではっきりとしたものとなる。というのは支給できる待遇基準がその時に蓄積された市場の価値と年金の価格に依存しているからである。

(2) 投資政策

　全国の社会保障基金の投資運営行為を規範に合うものとし，基金資産の安全性・流動性の前提のもと最大収益を実現するのを保証するため，国は2000年9月に全国社会保障基金理事会を設立し，国有株の所有を減らして手にした資金，中央の財政が支出した資金と，その他の方式で調達した資金の管理にあたらせた。理事会の主な運営方式は，理事会が国を代表して受託人の職責を行使し，社会保険基金投資管理人を選択・委託し，委託管理人が社会保障基金の資産に

対して投資運営と委託管理を行うとともに，投資運営と委託管理の状況について検査を行う。この種の「三権分立，はっきりとした職責」の運営方式は，英米などの年金基金の規模が比較的大きな国において効果が証明されており，受け入れることのできるリスク条件において比較的高い投資収益率を得ることを保証できる。

　一般的に，年金基金の具体的な投資・運営については，政府が強制的納付によって形成されている基金に対して投資手段と投資比率の制限を行い，投資の制限は資本市場の成熟状況にともなって徐々に緩め，同時に相応するリスク補償のメカニズムを確立するべきであるとされている。中国の年金基金の規模についての予想，資本市場の形成，政府の監督力に対して異なった認識があるため，中国の年金に対する投資制限の提案も機構によって異なる。労働社会保障部社会保険研究所と博時基金管理公司の研究報告は，国債の投資は40％を下回るべきではなく，銀行預金は20％を下回らず，株式（証券投資ファンドを含む）は15％を上回らず，金融債券と投資適格以上の企業の債券は5％を超過しないというものであり，当面は金融派生商品，不動産と海外市場への投資は考慮しないことを提案している。アジア開発銀行の中国年金改革プロジェクトの報告は，政府債券の投資は30％を下回らないものとし，銀行預金は10％前後とし，金融債券は5％を上回らず，投資適格以上の企業債券は1％を超過せず，証券投資基金は10％を上限とし，株式は30％を上限とし，可能ならば1％を超過しない証券化資産に投資することができ，外国投資は1％を超過せず，当面は金融派生商品に対する投資はすべきではないことを提案している。両者の共通の認識は，社会保障基金の投資チャネルが開放された初期は慎重にすべきであり，かなりの比重の政府債券投資（30～40％を下回らない），一定比率の銀行預金（10～20％を下回らない）が必要であり，金融派生商品等のハイリスクの投資分野はできるだけ少なくすべきであるというものである。

　非納付性社会保障基金の投資管理規定「全国社会保障基金投資管理の暫定規定」は2001年12月13日に財政部と労働社会保障部により共同で署名公布されている（ＢＯＸ14を参照）。現在，労働社会保障部は企業年金基金の投資管理規定の研究を急いでいる。しかし，個人口座積立金に対する投資政策については影響する要素がかなり多いため，社会保障基金理事会の運営状況および口座の資

金規模を見て，改めて方針を決定する必要がある。

参考文献
1. アジア開発銀行の年金改革プロジェクト第1期報告，2001年1月。
2. アジア開発銀行の年金改革プロジェクト第2期報告，2001年5月。
3. 労働社会保障部法制司・社会保険研究所，博時基金管理有限公司『中国年金基金の計算と管理』経済科学出版社，2001年。
4. 崔少敏，ブルース・シュボー，史若華「年金計算についての2つの質問」，『中国社会保障』第4号，2001年。
5. 労働社会保障部社会保険研究所『世紀の選択──中国社会保障体系の枠組み』中国労働社会保障出版社，2000年。

第4節　企業年金制度

　中国の社会保障制度改革の趨勢と国の基本年金改革の方向から見て，企業年金制度をできるだけ速やかに発展させることが必要である。

　中国の現在の基本政策によれば，企業年金は企業が国の政策のもとで自らの能力を考え，自発的であることを原則とし，企業と職員・労働者が自主的に作る企業退職金制度である。企業年金は中国が社会保障制度改革の過程において決定した新しい制度であるため，立法作業量など考慮しなければならない問題は極めて多い。現在差し迫っている問題は基本的な法律の不足，必要な管理機構・管理規定に欠けていることであり，企業年金制度を確立するための作業量は巨大であり，立法の任務は重い。まず重要な任務は，企業年金制度の基本的・法的枠組み，運営規則，運営管理機構の資格基準，関連する事務機構の業務資格認定基準および事務サービスの規範・形式など一連の法則の研究・制定を急ぎ，企業年金制度が法律のもとで規範に沿った健全な発展ができるようにするとともに，市場化された監督管理に適応できるようにすることである。

1. 企業年金制度発展の背景

(1) 制度確立の基礎

　中国の企業年金制度は長期間にわたり探求されてきたものの発展は緩慢であり，関連する政策・立法の早急な解決が待たれている分野である。

　かつての企業補充養老年金保険は現在，企業年金に改称され多階層の年金体系の重要な構成部分として，中国の社会保険制度改革の深化にともない，その地位と役割を増している。企業年金法および関連する法律体系を研究し，これらをできるだけ速やかに制定することは中国の企業年金制度発展にとり重要な意義がある。これには次のような理由がある。第1は中国の基本年金は低水準の保障と位置づけられており，企業年金でこれを補充することが必要である。第2は多階層の年金の1つとして，基本年金のために安定したバックアップを提供する。第3は企業の経営メカニズムの転換のために，労働生産性を高め，職員・労働者の積極性を引き出し，奨励の役割を果たす。第4は経済建設のために資金を積み立て，中国の資本市場の発育と整備に利するといったものである。

　一方，中国の企業年金の発展が比較的緩慢だった原因には以下のようなものがある。

　①制度の枠組みが早くから提示されていたものの，関連する優遇政策が適時実行に移されなかった。1991年に国務院が「企業職員・労働者の年金制度に関する決定」において，国の基本年金，企業の補充年金，個人の貯蓄性年金制度による多階層の保険制度の方式を決めてから10年経っているが，企業年金制度は実質的な発展が見られなかった。その理由は第1に，この制度に対する企業の認識にずれがあり，企業年金をなくてはならない補充的な制度であるとは理解しておらず，企業の自主的行為にすぎず，あってもなくてもよいと考えていた。第2に1995年3月，国務院が公布した「企業職員・労働者年金制度改革を深化させることに関する通達」の中で，"中国は基本年金を確立し，退職者の基本生活を保障するのと同時に，企業補充年金と個人貯蓄性年金の確立を奨励する。企業は規定に従って基本年金費用を納付した後，国の政策指導のもと，自己の経営状況に基づき，職員・労働者のために補充年金を実施することがで

きる。企業補充年金と個人貯蓄性年金は，企業と個人が事務取り扱い機構を自主的に選択する"と規定されていたが，この時も企業の理解にずれがあり，国が企業補充年金と個人貯蓄性年金の実施を奨励するのは，企業の経営上の問題であって必ず実施しなければならないものではないと考えた。企業は自己の利益がよくないことを口実にし，これらを実施しないか遅らせた。第3に企業年金運営の資金を手当てするチャネルの問題を解決していなかった。1991年，国務院は「企業職員・労働者年金制度に関する決定」の中において，"企業の自己保有資金である奨励基金・福利基金の中から積み立てる"と規定したが，1993年に実施した新しい会計制度では，企業の留保利益の中の"奨励基金"と"福利基金"の科目を取り消しており，企業年金の発展に明確な資金チャネルを欠くことになった。

②企業年金の事務取り扱い企業が1つだけで，競争性に欠けている。現在，企業年金事務の取り扱い機関は社会保険事務管理機関だけが実施しており，経営資格の点において必要な資質に欠けている。企業年金基金資金は主として企業の利益および職員・労働者の一部賃金収入からなるものであり，このことは企業年金は企業が職員・労働者に提供する老齢福祉であることを表している。そして，企業年金の発達は企業自身の経営状況に依存しなければならない。さらに，このことは企業の経営状況に基づいて企業が職員・労働者の給付享受の方式と管理運営方式を決定する自由を持つことを意味する。しかし，現在の年金運営は，企業が社会保険事務管理機関に管理代行を委託し，企業が毎月企業年金の費用を納付し，社会保険事務管理機関が退職者に月ごとまたは1回で企業年金を支給するという方式に限られている。こうした状況は企業年金の市場化された運営の方向とはかけ離れている。

③管理運営手段が立ち後れている。すでに述べたように中国の現在の年金保険は多くの企業を幅広くカバーするところまで達しておらず，年金加入企業の内，古い企業，すなわち負担が重い企業が多く，新しい企業，すなわち負担が軽い企業が少ない。企業の負担金である年金保険の徴収納付が困難である状況で，社会統一徴収基金からの貸し越しのみならず，企業年金資金を占用する状況すら発生している。企業年金の口座を実質的に"空口座"に変えてしまっており，企業年金開設の積極性に影響している。企業年金基金の運営管理に法的

第2章　社会保障制度の問題点と改革の方向　　　　　　　　　　95

規範が欠けていることおよび金融市場の発育が不健全であり，必要な金融手段が不足している状況において，企業年金基金の投資収益は比較的低く，経営コストは高止まりして，金融リスクを防ごうとする意識は薄く，不良投資となることがある。そのため企業年金の発展に深刻な影響を及ぼしているだけでなく，企業年金に表面に現れない重大な問題とリスクを生じさせている。

　④企業年金の発達に関連する立法が遅れ，基本的な法律の支持がない。2000年12月に国務院が公布した「都市の社会保障体系の改善に関する試点方案」は，企業年金制度の確立を都市の社会保障体系整備の重要な内容の1つにあげ，"条件が備わった企業は職員・労働者のために企業年金を確立するとともに，市場化された運営と管理を実行することができる。企業年金は基金完全積立方式を実行し，個人口座方式を採用し管理を行う"と指摘した。これによって企業年金制度を実験し，その発展を促すための全体的な原則と基本的な枠組みが確定した。しかし具体的な立法はまだ進んでいない。当面は関連の法律をできるだけ速やかに整備することが必要で，差し迫って立法が必要なのは，企業年金法，企業年金管理規定，企業年金基金運営法，企業年金事務管理機構資格認定規定などである。

(2) 企業年金発展の現状

　全体的に見て中国の企業年金は制度の面で立ち遅れが深刻である。全国で年金制度を実施している省を見ると，上海市，四川省，江蘇省，遼寧省，深圳市などで企業年金の進展が比較的速く，企業年金の具体的な実施規定が打ち出されている。業種の面から見ると鉄道，電力，郵政などの業種は企業年金の発展に積極的で，企業年金制度を確立するとともに具体的な企業年金運営手順を定めている。しかし全国的に見てみると，現在，大部分の省・市と業種では相応する規定と税収優遇政策を打ち出していない。全国の企業年金制度はその発展において次のような特徴を持っている。

　①業種の発展速度が地方の発展速度を上回っている。2000年末現在，全国の企業年金基金の合計積立額は191億9,000万元で，そのうち地方ベースの積立ては42億6,000万元で積立総額の22.2％を占める。しかし，業種ベースの積立ては149億3,000万元で積立総額の77.8％を占めており，業種ベースの発展速度が明ら

かに地方ベースを上回っている。企業年金加入者数で見ても，2000年末現在，全国で合計560万3,000人が企業年金に加入，業種ベースの加入者数は395万7,000人で，全加入者数の70.6%を占めている。地方ベースの企業年金加入者数は164万6,000人で，全国加入者数の29.4%である。

②地方では沿海と経済が発展している省の伸びが速い。上海，広東，四川，浙江，福建，山東，天津，北京，雲南などの省・市の基金積立はいずれも1億元を超えており，上海市だけで22億2,000万元を積み立てており，地方基金積立総額の52.5%を占めている。

③業種別では経営が良好な業種の伸びが速い。鉄道，電力，郵政，電信，石油化学，石油，農業銀行，中国銀行，民用航空，交通などの業種の企業は経営が良好であるため，企業年金基金の積立てはいずれも1億元を超過している。そのうち電力業界の基金積立は58億7,000万元に達し，業種企業年金積立総額の39.3%を占めている。その他のいくつかの業種は発展が相対的に遅れている。

④国有企業の企業年金制度の発展はその他の経済タイプの企業の企業年金制度より速い。2000年末統計では企業年金を実施した企業1万6,247社のうち，地方企業は1万2,062社を数え，そのうち国有企業は6,588社で，地方企業総数の54.6%を占める。業種ベースの加入企業4,185社のうち，国有企業は3,891社で，全体の93%を占める。このことはその他の経済タイプの企業は企業年金の発展において国有企業より大きく立ち後れていることを物語っている。

④国の基本加入者と比べると，企業年金の発展はかなり困難である。2000年末現在で国の基本年金加入者は1億448万人を数えるが，企業年金加入者はわずかに560万3,000人，5.4%を数えるだけである。

(3) 現存する主な問題

①発展のバランスを欠いている。企業年金関連の規定はいくつか出されているが，企業年金発展のための税制上の優遇政策で確実に実行されたものは依然として少なく，大部分の省・市と業種で関連の規定が出されておらず，関連の優遇政策は明確になっていない。

②管理が規範化されていない。個人口座の実施と管理方式から見て，重慶市，遼寧省，安徽省および業種のうち交通部門，中国工商銀行，中国建設銀行，中

国建築工程総公司などは企業年金管理の面において個人口座を確立しておらず，郵政などの業種では企業の納付を個人口座に完全に記入していない。浙江，雲南，福建，天津，広東などの省・市では，財政部門が企業年金を財政専門口座の管理に組み入れることを強硬に要求した。こうしたやり方は理論的にも，実際的にも研究に値する。

③基金投資の面において，投資チャネルが適切でなく，低い投資の効率と投資リスクが併存する状況にある。大部分の基金は主として銀行預金と国債で運用しており，国が連続して利下げしている状況下では，投資収益は低く，2000年の全国基金投資収益率は2.79％，そのうち業種が3.2％，地方はわずか1.3％にすぎない。資本市場のルールが健全でなく，運用の手順が規範化されていないため，一部の企業は運用を金融機関に委託しているものの，実際の運用リスクを回避できず，従業員の利益の確実な保証を得ることは難しい。

④経験を持った専業機関と専業管理要員が不足している。企業年金の発展から見て，専業機関と専業要員の管理と運用が必要である。しかし，新しくできた制度は基礎が弱く，専業管理機関，専業管理要員はいずれも不足している。

2．中国の企業年金法の立法についての構想

企業年金制度の確立に必要な法律と管理の経験が不足しているため，中国の企業年金制度の発展には，国外の経験を参考にして，最初から相応する基本的な法規・政策・規則を制定し，企業年金制度の規範性を保証する必要がある。また，安定的な資金の基礎を保証し，企業または業種が責任を負わないような企業年金の支給水準の約束と不必要な運営リスクを避け，投資および収益率の信頼性を保証し，混乱と企業年金の途中での破産を避けなければならない。なお，企業年金制度は中国にとって全く新しい制度の探求であり，このため，企業年金制度の創設の過程において極めて強い探求を必要とする。このような状況ゆえ，中国の企業年金法の立法は独特の特色と特殊性を備えることになる。

①まず正確な企業年金の概念を確立することが必要である。企業年金が全く新しい制度であるため，立法と制度を確定する当初からできるだけ"企業年金"に適した正確で明瞭な関連概念を創造・使用し，企業年金法および関連の法律を起草する過程において，その他の領域の概念をそのまま踏襲したり，国外の

企業年金に関連する分野の概念を直接引用することをできるだけ避けなければならない。中国の企業年金が概念のうえにおいて異なった意見や誤解，曖昧さを生じることがないようにし，主要な概念は吟味して確定・選択するとともに定義をしなければならない。当然，WTOに加盟した後の中国と海外との制度上の違いの縮小を考慮して，国際的な権威を持った機関が使用する概念を参考にし，できるだけこれに対応するようにしなければならない。

②国外の経験を参考にすることと中国の現実を尊重することの関係を適切に処理する。中国には過去に企業年金制度がなく，中国が企業年金を発展させるための経済的・社会的状況も先進国とは大きな違いがある。中国政府は政策の制定者であり，研究者が把握しているのは企業年金の資料であり，情報はいずれも国外のものを引用・参考にしたもので，国外の方法と中国の国情との間には大きな距離がある。したがって国外の経験を参考にするには必ず中国の国情も尊重しなければならず，そのまま当てはめることはできない。立法においては国外の経験を十分慎重に参考にし，中国の国情を十分に考慮して初めて，中国の企業年金法がさらに有効性を備えることができる。

③規範性と過渡的時期の特殊性との関係を適切に処理する。企業年金法制定の重要な目的は企業年金制度が法に従い，規範に則って運営できるようにすることである。しかし中国がこの制度を創設する初期に回避することができない現実は，基本的な経験の不足，相応する管理機関の不足，大量の専門能力を備えた管理要員の不足であり，同時に規範化された金融市場と金融政策・金融手段も不足している。したがって，企業年金法を制定する時は，この事実を十分に考慮して，企業年金法および関連する法律体系が大きな方向性において必ず規範に則ったものとなるようにし，実務面においては現実の状況と規範性との差を考慮し，遂次，規範目標を実現しなければならない。

④政府と市場との関係を明確に処理する。企業年金制度は国の基本年金に属さず，したがって政府の命令で強制的に実施することはできない。また，企業年金は純粋に商業的な生命保険ではないが，完全に市場のルールに従って運営されるものである。しかし，企業年金は政府の税制上の優遇策を受けるため，政府はこの制度を完全に放任することはできない。このため企業年金制度は条件付きの市場運営と，政府の一定のコントロールを受ける必要があり，立法の

諸項目の政策・規定の中にこうした性格を具体化し，政府の管理から市場メカニズムの管理への移行を徐々に実現させることが必要である。現在，運用と管理においては，政府の労働主管部門による運用を主としており，どのようにして今後，市場での運用を主とする方向に向けていくか，立法の際に考慮することが必要である（BOX15）。

BOX15　企業年金制度の研究

中国は2000年までに，基本養老年金保険，医療保険などの各種社会保険の整備を進め，また，基本養老年金保険の持つ資金・管理運営上の問題についても研究を実施し，改革の方途を示してきた。このようななかで研究者の次の関心は企業年金に移ってきている。2001年6月に労働社会保障部社会保険研究所とその他多くの機関の研究者を集め「中国企業年金制度と管理規範」課題組が作られた。第5章第1・4・5節の論文執筆者は課題組の一員である。なお，第5章第2・3節の執筆者も課題組に加わっている。課題組の研究成果は2002年6月に労働社会保障部社会保険研究所，博時基金管理有限公司「中国企業年金制度と管理規範」として中国労働社会保障出版社から出版されている。

第5節　第10次5ヵ年計画の就業環境

政府は「中華人民共和国国民経済・社会発展第10次5ヵ年計画要綱」の第18章において，"就業拡大は経済発展の促進と社会安定の維持保護の重要な保証であり，マクロ調整の重要な内容でもあり，就業チャネルの開拓，就業の拡大に努めなければならない"と指摘している。同時に，"整備された社会保障制度は社会主義市場経済体制の重要な支柱であり，改革・発展・安定の全局面に関わっている。第10次5ヵ年計画期間に企業事業単位から独立した，資金の供給源が多元化した，保証制度が規範化された，管理サービスが社会化された社会保障体系を基本的に確立しなければならない"と指摘している。

就業の積極的拡大については，"比較的速い経済成長速度を保持し，さらに多くの就業の場を創造しなければならない。優遇政策を制定および確実に実行

し，比較的優位な労働集約型産業を発展させ，就業容量が大きなサービス企業，中小企業と非公有制企業を発展させ，在職中および再就業トレーニングに傾注し，就業者の職業技能を向上させ，失業者の就業と創業の能力を高める。労働者の就業についての考え方を転換させ，非全日制就業（短期間労働），季節労働などの融通性を持ったさまざまな就業の形式を採用し，自主就業を提唱する。海外就労を開拓し，労働力輸出を拡大することに努力する。労働予備制度と職業資格証書制度を全面的に実施し，退職制度を厳格に執行する。労働力市場の建設を強化し，就業サービス体系を整備し，労働力の適切な流動を促進する"と指摘している。

(1) 中国共産党と中国政府が採択した第10次5ヵ年計画は，以下のような中国の労働・社会保障事業の発展のための有利な条件を作り出した。

　①中国政府は労働・社会保障工作を一段と重視している。中国共産党の第15期大会，第15期4中全会，第15期5中全会いずれも市場を主な導き手とする就業メカニズムの確立，就業拡大，人材資源開発，社会保証体系の整備と収入分配制度の改革深化などについて明確な要求を提出し，「第10次5ヵ年計画」期間の労働・社会保障事業の全面的な発展のための方向をはっきりと指し示した。

　②社会主義市場経済体制が初歩的に確立し，さらに，徐々に整備されるのにともない，市場のメカニズムが労働力資源の配置に基礎的役割を果たすようになり，労働と就業の各種の矛盾と問題を解決するための基礎ができた。

　③経済構造の調整，WTO加盟と西部大開発の実施にともない，中国の経済構造，特に産業構造は合理的な方向に向かい，国有企業は苦境から徐々に抜け出し，国民経済は比較的速い成長を保持し，総合的な国力は絶えず高まるであろう。

　④人民の生活は小康（まずまずの水準）に入るとともに比較的余裕のある社会へと進んでいる。社会構成員の労働・就業・社会保障などの面における考え方は変化し，市場意識と法律観念が基本的に形成され，これらの変化は改革を支える能力と自己保障能力を高めることになる。これらの条件は，第10次5ヵ年計画期間の労働と社会保障事業の発展のために比較的良好な環境とチャンスを提供することになるであろう。

(2) 全体的な分析から見て，第10次５ヵ年計画期間の雇用情勢と失業保険制度は重大な圧力と挑戦に直面するであろう。こうした圧力と挑戦は主に以下の面から来る。

①都市の就業圧力が増加し，構造的失業が顕著になるだろう。長期にわたり，中国の労働力供給は需要を上回るだろう。第10次５ヵ年計画期間，中国の都市部の労働力の総供給量は5,200万人が見込まれるが，新たに増える就業機会は4,000万人である。第10次５ヵ年計画に国有企業レイオフ職員・労働者の基本生活保障制度は失業保険と一体化するが，WTOに加盟し，経済構造を調整し，国有企業の改革を深化させ，都市化の進行過程が速まっていくなかで，都市の雇用情勢は極めて厳しいものとなり，失業率は上昇するであろう。現在，農村の余剰労働力は１億5,000万人以上に達しており，第10次５ヵ年計画期間には引き続き増加し，農村の余剰労働力を他に移動させる任務も困難である。

②マクロ的に見ると，中国の労働力の資質（主に教育レベル）は依然として低く，経済発展，科学技術の進歩と経済構造調整の要求に適応しないといった矛盾は依然際だっている。労働者の職業技能の全体水準も低く，産業構造の調整とグレードアップの要求に適応するのが困難である。

③労働力市場のメカニズムが健全ではなく，労働力資源の適切で効果的な配置にとって依然障害がある。全国の統一した，開放された，競争のある，秩序のある労働力市場体系は形成されておらず，都市と農村の間，各省の間の分割された市場状況は完全に打破されていない。

④社会保障体系の整備の遅れ，戸籍制度上の制限が多すぎるため，労働力の適切な流動を阻害している。

⑤失業の増加が社会保障に対する圧力となっている。体制改革と経済構造調整のなかで，国有企業余剰人員の労働力市場への転出と構造的失業者の一層の増加により失業保険は極めて大きな挑戦に直面している。社会保障体系の一層の整備が待たれる。

⑥中国はすでに高齢化社会に入っており，人口高齢化は社会保障，特に年金と医療保険に対する圧力を増大させている。

第6節　医療制度と医療費：都市職員・労働者の医療保険

1．旧制度と改革の背景

(1) 旧　制　度

　従来，中国の医療保険制度（都市部）は，企業職員・労働者を対象とした「労働保険医療制度」と公務員を対象とした「公費医療制度」の2つから成り立っており，それぞれ，企業による福利厚生と国家による福祉政策といった色彩が強い制度であった。したがって，一部の受診受付料等を除いては，自己負担の存在しない「無料医療制度」であった。

　このうち，「労働保険医療制度」は1951年の「中国労働保険条例」の公布によって成立した制度であり，給付対象は，主に国営企業・都市の一部集団所有制企業の職員・労働者およびその退職者である。また，職員・労働者の扶養家族も，5割前後の給付が行われる。財源は，企業の福利基金および営業外支出からなるが，不足部分は企業利益から繰り入れる。「労働保険医療制度」もやはり，全額企業負担，個人負担なしの企業福利による無料医療制度であった。

　「公費医療制度」は，主に政府・事業単位の職員および退職者，大学の在校生および農村居住の2等乙級以上の退職障害軍人を対象にする制度であり，1952年の「政府・党・団体および所属の政府機関の職員に公費負担医療と予防措置を実施することに関する通達」により発足した。財源は純粋な国家予算であり，個人負担は，少額の受診受付料に限定されていた。

(2) 改革の背景

　しかしながら，こうした都市部の医療保険制度は次第に立ち行かなくなってきた。その背景として，①高齢化の進展と加速，②医療提供体制の不効率と医療費が急増しやすい体質，③企業経営の悪化と企業の社会保険事務負担・社会保険負担額の増加の3点が挙げられる。

　①高齢化の進展

　中国ではすでに高齢化が進展しているが，今後，この高齢化がますます加速

第2章　社会保障制度の問題点と改革の方向

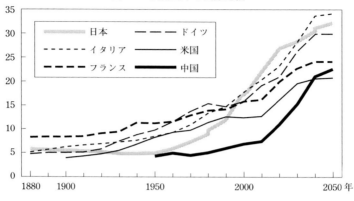

図2-1　高齢比率の国際比較

（出所）『厚生白書』平成11年版，『人口研究』各年版。

表2-4　疾病による死因のトップ5（都市部2000年）

1位	悪性腫瘍	24.38%
2位	脳血管病	21.28%
3位	心臓病	17.74%
4位	呼吸器系病	13.29%
5位	損傷・中毒	5.91%
	三大成人病の合計	63.40%

（出所）『中国統計年鑑』2001年版。

していくことが予想されている。図2-1は，各国と中国の高齢者比率の予測を示したものであるが，中国の高齢化は，2000年の6.96%から2050年には26.1%に達すると見られており，現在，日本が直面している高齢化に匹敵するスピードで高齢者が増加することになる。

医療費は勤労期の若年世代よりも退職者世代の方が3〜4倍高い構造となっているため，高齢化の進展とともに医療保険財政の支出が増加する。加えて，現在，都市部の退職者世代の疾病構造は，すでに先進国のそれとあまり変わらない構造となっており（表2-4），寿命の伸びとともに，高齢化以上のスピードで医療費が増加すると考えられている。したがって，医療制度の抜本改革が急がれることとなった。

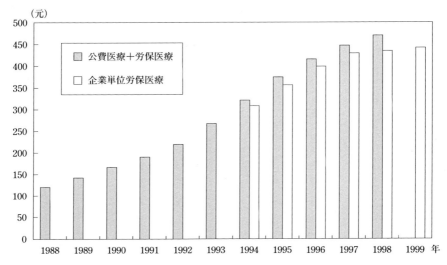

図2-2　1人当たり医療保険給付費の推移

(出所)　「公費医療＋労保医療費」については『中国労働和社会保障年鑑』2000。
　　　「企業単位労保医療費」については『中国労働和社会保障年鑑』2001。

②医療提供体制の不効率と医療費が急増しやすい体質

　"無料医療"を特徴とする旧医療制度は，医療サービスの需要者・供給者ともに，医療費の無駄が生じやすい制度となっていた。すなわち，需要者にとっては自己負担額がほぼ無料であるために通院の限界価格が極めて低く，モラル・ハザードによる過剰消費が起きる構造となっている。また，"医療保障を受ける家族がいれば，その家族全員の医療問題が解決できる"といわれるように，保険薬を家族の間で使い回したり，家族分の投薬を依頼したりするという行為も頻繁に起きていた。

　一方，医療機関側は，出来高払い制度がとられているために，医療行為や投薬をすればするほど収入・利潤があがる構造となっていた。したがって，高額な医薬品や栄養補助食品・医薬部外品の大量投入，必要以上に新しい医療技術や設備の導入や，患者に対する過剰な検査の強要や入院期間の人為的な引き延ばしといった医療サービスの無駄使い・過剰診療が随所に発生することとなっ

た。たとえば，上海市では，95年の病院業務収入の57.1％が薬品収入によるものであり，鎮江市では，94年の大型医療設備の購入・修理費用が業務支出の40％にものぼっていたのである。

このような医療制度の不効率性は，経済成長や高齢化にともなって医療費が急増しやすい体質を持っていることになる。図2-2は，1人当たり医療費の近年の推移であるが，ほぼ10年間で4倍程度の急速な医療支出増が起きていることがわかる。

③企業経営の悪化と企業の社会保険事務および負担額の増加

改革・開放経済の推進のなかで国営企業の経営は急速に悪化し，急増する医療費の負担に耐えられない企業を多く生みだすことになった。このため，特に退職者の医療費を支払えない企業が増加し，社会問題化した。一方，新生の郷鎮企業や外資系企業などの職員・労働者は医療保障にカバーされていないために，無保険者が存在するという制度の矛盾も現れてきた。したがって，年金などとともに，企業単位の社会保障を社会保険化する必要が生じ，医療費の一部個人負担を導入した（ＢＯＸ16）。

2．医療保険制度改革

(1) 1980年代～90年代初頭にかけての改革

中国では80年代央前後から徐々に医療制度の改革が行われている。その主なものは，①医療費の個人負担導入，②退職者医療保険と大病医療保険の実施，③医療制度改革の実験都市の指定である。①の個人負担の具体的な方法は地域によって異なるが，5～20％の自己負担や定額医療負担を実施した。②の退職医療保険は退職者のみを対象とする保険であり，大病医療保険は，いわゆる"重病"のみを対象とした保険である。保険の加入主体は，主に国有企業および県クラス以上の都市集団所有制企業の職員・労働者と退職者であり，社会統一徴収による保険基金が作られた。企業が毎月職員・労働者1人当たり2～4元，退職者1人当たり5～10元の保険料を社会統一徴収基金に納付し，1回の医療費支出が300元（入院は500元）を超える病気の場合に限って医療費が支払われる制度となっている。また，医療費の金額に応じて，社会統一徴収基金から

BOX16　医療費の支給と国営企業経営

　国営企業の労働者は病気になると病院に行き治療を受け薬を受け取る。この時，労働者はこの代金を自ら支払い，領収書の発行を受け，これを企業に提出し支払った代金を受け取る。これが一般的な方法であったが，国営企業は改革のなかで図に見られるとおり，急速な経営悪化に見舞われてしまう。

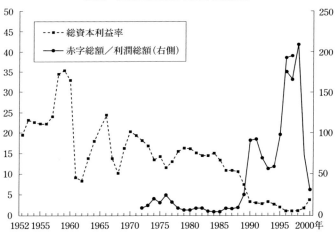

国営・国有工業企業の経営状況推移

（注）『中国統計年鑑』には98年からの国有企業の赤字総額の記載がないため『中国統計摘要』により4年分を図示した。
（出所）『中国統計年鑑』各年版，『中国統計摘要』1998～2001年。

　経営悪化の理由は，政府が経営権を握る国営企業の時に政府が勝手な設備投資を銀行からの借入れによって行い，設備投資の成功を前提に雇用を増加させていったことによる。国営企業の経営悪化ゆえに，労働者の持ち込む治療費・薬代の領収書への支払いも滞りがちとなってしまう。このため，政府は経営権と所有権を分離し，国が経営する企業から国が所有する国有企業へと変更せざるをえなくなり，企業が担っていた社会保障業務・学校運営など社会的機能を企業から分離し，また，医療費の一部個人負担を開始した。

80～100％が負担される。この制度が実施された代表的な地域は北京市と四川省成都市である。③の実験都市は，89年3月に，遼寧省丹東市，吉林省四平市，湖北省黄石市，湖南省株州市が公費医療制度の改革実験都市に，そして，深圳市と海南省が総合改革実験都市に指定され，試験的な改善に着手した。しかし，これら地域の改革は成果があがらず，高い評価を得ることはできなかった。このため，94年になって新たな改革実験を開始する。

(2) 1994年の改革

94年の改革の主な内容は，地域ごとに社会統一徴収医療保険基金と個人医療保険口座を結びつけた方式を採用したことである。企業は保険料の一部を社会統一徴収基金と個人口座に積み立て，個人口座には個人も保険料を積み立てる。医療サービスの需要は，まず個人口座の支払いから開始され，超過分を社会統一徴収基金が支払うというものである。ただし，社会統一徴収基金から支払う医療についても，個人が一部負担する。改革はまず94年3月に江蘇省鎮江市と江西省九江市（このためこの改革を両江モデルという）からスタートし，96年4月さらに58のモデル都市へ拡大された。両江モデル以外にも，各地域においては多様な試みが行われてきたが，その代表的なモデルは，天津・青島モデル，深圳・海南モデル，上海モデルなどである。

94年改革では，重病医療保険の実施地域の増加，医療費急増の抑制，医療機関改革の促進といった一定の評価がなされている。しかしながら，国有セクターしかカバーされていないこと，医療機関の利益追求体質がいまだ改善されていないこと，制度の運営管理体制が未整備であるなど多くの問題が指摘された。このような結果を受けて，全国的に統一された医療保険制度の整備が強く求められることとなった。

3. 現行の医療制度

98年12月，「都市職員・労働者の基本医療保険制度の整備に関する国務院決定」が公布され，これまでの公費医療・労働保険制度を廃止し，全国的に統一した，体系化された医療保障制度を作ることになった。

同制度では医療サービスの具体的な内容についても明文化され，①国の基本

医療保険の対象となる薬剤のリスト，診察項目および使用する検査の基準とその管理方法が定められた。この規定に従い，99年4月に「都市職員・労働者基本医療保険の指定小売薬局管理暫定方法」，99年5月に「都市職員・労働者基本医療保険の指定医療機関管理暫定方法」，99年5月に「都市職員・労働者基本医療保険の薬品使用範囲管理暫定方法」が次々と公布された。また，乱立している薬剤メーカーの整理淘汰と医療費増加の抑制をねらって，薬価と大型医療設備の使用料の引き下げも同時に実施されている。その主な内容は次のとおりである。

(1) 医療保険制度の概要

新たな全国統一の医療保険制度は，"最低限の公的保障と自己責任の原則"に基づき，社会統一徴収医療保険基金と個人口座を結びつけた制度が導入され，保険料を労使で負担することになった。保険対象は，都市部すべての企業（国有企業，集団所有制企業，外資系企業，私営企業などの職員・労働者を含む）および政府機関，政府・民間の非営利団体の職員・労働者およびその退職者である。図2-3は改革内容の抜粋を示すものである。都市部に入らない郷鎮企業の職員・労働者や自営業者は対象外であるが，地域によってこれらも対象としている場合もある。

医療保険基金は社会統一徴収医療保険基金と個人口座より構成される。その保険料については，基本的に企業より総賃金の6％，個人より給料の2％が納付され，そのうち個人納入の全額と企業の納入の一部が個人口座へ繰り入れられる。

社会統一徴収と個人口座の使途についても明確に規定されている。医療費が発生した際には，まず個人の医療保険口座から支払われ，口座の残高を超えた部分は患者の個人負担となる。個人負担が当該地区の平均賃金の10％を超えた場合には，大部分が社会統一徴収基金から支払われるが，個人も一部負担する。社会統一徴収基金の最高支出額は，年平均賃金の4倍であり，それ以上は商業保険により解決されるものとされている。

先の決定案では，医療保険制度の基本的な部分を定めているが，保険料の労使負担額，個人口座へ繰り入れる金額，給付水準など細かい部分については各

第2章 社会保障制度の問題点と改革の方向　　　109

図2-3　1998年医療保険制度改革の内容

保険の対象者	都市すべての勤労者（公務員，非営利団体の職員，企業の職員・労働者およびそれぞれの退職者）
保険料の構成	事業主　賃金総額の6%　　＋　　被保険者　本人賃金の2% 　↓　　　↓　　　　　　　　　　　↓ 70%　30%　　　　　　　　　　100% 　↓　　　↓　　　　　　　　　　　↓
基金の構成	社会統一徴収基金　　　　　　　　　　個人口座 　↓
基金の使途	年平均賃金の10〜400%　　　　　　　賃金の10%以下
給付基準	年平均賃金の10%以下：個人口座か自費 年平均賃金の10〜400%：社会統一徴収（個人も一部負担） 年平均賃金の400%以上：商業保険など

（出所）　国発〔1998〕44号「都市職員・労働者の基本医療保険制度の整備に関する国務院決定」。

地の実情によって設定することが許されている。そこで，次に各地の事例について見てみよう。

①北京市の例

　2001年4月より，医療保険規定が施行された北京市では，次のような仕組みとなっている。

・保険料：保険基金に納付する保険料は事業主が総賃金の9%，職員・労働者は本人前年度平均月収の2%より構成される。そのうち，個人口座へは個人負担分の2%全額と企業負担の一部が積み立てられる。企業負担は5つの年齢層に分けて決められている。㈤35歳以下の被保険者は前年本人月収の0.8%，㈹35〜45歳は1%，㈸45歳以上は2%，㈻70歳以下の退職者は北京市の前年度の平均月収の4.3%，㈾70歳以上の退職者は市の前年度の平均月収の4.8%となっている（表2-5参照）。

・北京市の給付範囲：個人口座は外来，急診，契約薬局での薬代および入院時の個人負担部分に対して支払うが，不足分は自費となる。社会統一徴収基金の給付スタートラインは，市前年度平均年収の10%から（同一年内に

表2-5　個人口座の構成（北京市）

被保険者の年齢	個人口座の構成
35歳以下	0.8%＋2%
35～45歳	1%＋2%
45歳以上	2%＋2%
退職者：70歳以下	4.3%
退職者：70歳以上	4.8%

　2回目以降の入院に対しては5％から），最高給付ラインは市平均年収の4倍となっている。また，医療機関利用率の効率化を図るために医療機関の規模により1～3級まで分けられ，1級ごとに4段階に分けて給付水準が決められ，規模の大きい病院ほど給付水準が低くなっている。表2-6は北京市における1～3級医療機関の審査基準，表2-7は医療機関の規模による医療保険の給付水準を見たものである。このような改革により，大病院への集中が抑制される。これは衛生部の医療体制改革との関連によるもので，北京のみならず各地域でも取り入れられている。

・大病医療保険：また，最高給付ラインを超える医療費に対しては，企業より総賃金の1％，個人より月に3元の掛け金を原資とする互助性の積立型大病医療保険制がある。

・公務員医療補助制度：基本医療保険制度への加入により低下する給付水準を補うために設立した制度であり，基本医療保険が給付しない医療費に対して，医療補助保険より給付される。財源は政府の経費であり，基本医療保険基金と分離されて，管理および運営される。

②上海市の例

　上海市の医療制度は5つの年齢層（2001年5月現在）ごとに異なっている。上海市は2000年12月末に制度を導入しているため，保険給付を受けられる人の基準は以下の状況によって異なってしまう。

　イ．2000年12月31日以前の退職者
　ロ．退職前で45歳以上の人
　ハ．35歳から44歳の人
　ニ．在職しているが34歳以下の人
　ホ．2001年1月1日以降就業の人

第2章 社会保障制度の問題点と改革の方向　　　　　　　　　　　111

表2-6　1〜3級医療機関の審査基準

基準等級	規模	病床数	衛生士(人)	医師(人)	看護婦(人)	医療範囲
1級病院	小	20〜99	0.70/1病床	3（医師） 1（主治医級）[1] 相当数 （技術士）[2]	5	9科室（救急,内科,外科,産婦人科,予防保健科,薬局,検査室,レントゲン室,消毒室）
2級病院	中	100〜499	0.88/1病床	制限なし（医師） 3（副主任級） 1（主治医） /各科室	0.4/1病床	21科室（救急,内科,外科,産婦人科,小児科,眼科,耳鼻咽喉科,歯科,皮膚科,麻酔科,伝染病科,予防保健科,薬剤科,検査科,レントゲン科,手術室,病理科,血液センター,物理療法室,消毒室,カルテ室）
3級病院	大	500以上	1.03/1病床	制限なし（医師） 制限なし（主治医級） 1（副主任級） /各科室 2（栄養士） 1%（技師+技師補）：衛生士	0.4/1病床以上	25科室以上（救急,内科,外科,産婦人科,小児科,漢方科,耳鼻咽喉科,歯科,眼科,皮膚科,麻酔科,リハビリ科,予防保健科,薬剤科,検査科,放射線科,手術室,病理科,輸血科,核医学科,物理療法室,消毒室,カルテ室,営業部,相当数の臨床機能検査科）

（注）1. 医師の国家資格の一種である。低い順より，医師，主治医，副主任医師，主任医師がある。
　　　2. 技術士は薬剤師，放射線技師，検査技師などを指す。

表2-7　医療機関の規模別給付水準（北京市）

給付水準 医療費	3級病院 在職	3級病院 退職	2級病院 在職	2級病院 退職	1級病院 在職	1級病院 退職
スタートライン〜1万元	80%	88%	82%	89.2%	85%	91%
1万元〜3万元	85%	91%	87%	92.2%	90%	94%
3万元〜4万元	90%	94%	92%	95.2%	95%	97%
4万元〜最高額	95%	97%	97%	98.2%	97%	98.2%

（注）2001年の給付スタートラインは1,300元，年度内2回目以後の入院は650元より，最高給付額は5万元。

なお，これらの人々の保険料および給付水準となる金額は，1999年の上海市の職員・労働者の平均賃金14,000元を前提に計算した。また，上海市の場合は企業が賃金総額の2％分を負担する付加医療保険制度があるため，企業にとっては基本医療保険負担の10％を含む総負担は賃金総額の12％になる。ただし，個人負担は基本医療保険だけなので賃金の2％である。

イ．退職者

(イ) 個人口座への保険料の積立て

　　退職者　　　　　　　　　　　　　　　　負担なし
　　社会統一徴収基金からの繰り入れ　　退職～74歳以上　　560元
　　　　　　　　　　　　　　　　　　　75歳以上　　　　630元

(ロ) 給付

㋑ 外来・急診

まず個人口座より560元または630元支払い，不足分は280元まで本人負担超過分の本人負担と付加基金からの給付

医院等級	本人負担	付加医療基金
1級	10％	90％
2級	15％	85％
3級	20％	80％

㋺ 入院・救急観察室医療

給付開始標準額700元，最高給付限度額56,000元

・給付開始標準額以下の医療費

　全額本人負担

・給付開始標準額以上で最高給付限度額以下の医療費

　本人負担8％，社会統一徴収基金92％

・最高給付限度額以上の医療費

　本人負担20％，付加基金80％

㋩ 外来大病と家庭病床

外来大病は人工透析，悪性腫瘍に対する化学療法・放射線治療
家庭病床とは家庭で行う慢性疾患治療

・給付開始標準額ではなく，最高給付限度額56,000元

・最高給付限度額以下の医療費
　　　　　　外来大病　本人負担8％，社会統一徴収基金92％
　　　　　　家庭病床　本人負担20％，社会統一徴収基金80％
　　　・最高給付限度額以上の医療費　本人負担20％，付加基金80％
ロ．退職前で45歳以上
　　（イ）個人口座への保険料の積立て
　　　　在職時：個人　　　　　　　　　　　　　　　前年の本人賃金の2％
　　　　　　　社会統一徴収基金からの繰り入れ　210元
　　　　退職後：社会統一徴収基金からの繰り入れ　退職～74歳　560元
　　　　　　　　　　　　　　　　　　　　　　　　75歳～　　　630元
　　（ロ）給付
　　　　㋑外来・急診
　　　　　在職時：まず個人口座より支払い，不足分は1,400元まで本人負担
　　　　　　　　　超過分は本人負担30％，付加基金70％
　　　　　退職後：まず，個人口座より支払い，不足分は700元まで本人負担
　　　　　　　　　超過分は本人負担と付加基金からの給付

　　　　　　　　医院等級　　本人負担　　付加医療基金
　　　　　　　　　1級　　　　15％　　　　85％
　　　　　　　　　2級　　　　20％　　　　80％
　　　　　　　　　3級　　　　25％　　　　75％
　　　　㋺入院・救急観察室医療
　　　　　在職時：給付開始標準額1,400元，最高給付限度額56,000元
　　　　　　・給付開始標準額以下の医療費
　　　　　　　　全額本人負担
　　　　　　・給付開始標準額以上で最高給付限度額以下の医療費
　　　　　　　　本人負担15％，社会統一徴収基金85％
　　　　　　・最高給付限度額以上の医療費
　　　　　　　　本人負担20％，付加基金80％
　　　　　退職時：給付開始標準額1,120元，最高給付限度額56,000元

・給付開始標準額以下の医療費
　　全額本人負担
・給付開始標準額以上で最高給付限度額以下の医療費
　　本人負担8％，社会統一徴収基金92％
・最高給付限度額以上の医療費
　　本人負担20％，付加基金80％

(ハ) 外来大病と家庭病床
・給付開始標準額ではなく，最高給付限度額56,000元
・最高給付限度額以下の医療費
　　外来大病　在職時は本人負担15％，社会統一徴収基金85％
　　　　　　　退職後は本人負担8％，社会統一徴収基金92％
　　家庭病床　本人負担は20％，社会統一徴収基金80％
・最高給付限度額以上の医療費
　　本人負担20％，付加基金80％

ハ．35歳〜44歳の人
　(イ) 個人口座への保険料の積立て
　　　在職時：個人　35歳〜退職時　前年の本人賃金の2％
　　　　　　　社会統一徴収基金からの繰り入れ　35歳〜44歳　　140元
　　　　　　　　　　　　　　　　　　　　　　　45歳〜退職時　210元
　　　退職後：社会徴収基金からの繰り入れ　　　退職〜74歳　　560元
　　　　　　　　　　　　　　　　　　　　　　　75歳〜　　　　630元

　(ロ) 給付
　　㋑ 外来・急診
　　　在職時：まず個人口座より支払い，不足分は1,400元まで本人負担
　　　　　　　超過分は本人負担40％，付加基金60％
　　　退職後：まず個人口座より支払い，不足分は700元まで本人負担
　　　　　　　超過分は本人負担と付加基金からの給付

医院等級	本人負担	付加医療基金
1級	30％	70％
2級	35％	65％

　　　　　　　　3級　　　　　40%　　　　　　60%
　　ロ　入院・救急観察室医療
　　　在職時：給付開始標準額1,400元，最高給付限度額56,000元
　　　・給付開始標準額以下の医療費
　　　　　全額本人負担
　　　・給付開始標準額以上で最高給付限度額以下の医療費
　　　　　本人負担15%，社会統一徴収基金85%
　　　・最高給付限度額以上の医療費
　　　　　本人負担20%，付加基金80%
　　　退職時：給付開始標準額1,120元，最高給付限度額56,000元
　　　・給付開始標準額以下の医療費
　　　　　全額本人負担
　　　・給付開始標準額以上で最高給付限度額以下の医療費
　　　　　本人負担8%，社会統一徴収基金92%
　　　・最高給付限度額以上の医療費
　　　　　本人負担20%，付加基金80%
　　ハ　外来大病と家庭病床
　　　・給付開始標準額はなく，最高給付限度額56,000元のみ
　　　・最高給付限度額以下の医療費
　　　　　外来大病　在職時は本人負担15%，社会統一徴収基金85%
　　　　　　　　　　退職後は本人負担8%，社会統一徴収基金92%
　　　　　家庭病床　本人負担は20%，社会統一徴収基金80%
　　　・最高給付限度額以上の医療費
　　　　　本人負担20%，付加基金80%
ニ．在職しているが34歳以下の人
　　（イ）個人口座への保険料の積立て
　　　　　在職時：個人　退職時まで　前年の本人賃金の2%
　　　　　　　　　社会統一徴収基金からの繰り入れ　34歳以下　　　　70元
　　　　　　　　　　　　　　　　　　　　　　　　　35歳〜44歳　　140元
　　　　　　　　　　　　　　　　　　　　　　　　　45歳〜退職時　210元

退職後：社会統一徴収基金からの繰り入れ　退職～74歳　　560元
　　　　　　　　　　　　　　　　　　　　　　75歳～　　　　630元
(ロ) 給付
　㋑ 外来・急診
　　在職時：まず個人口座より支払い，不足分は1,400元まで本人負担
　　　　　　超過分は本人負担50％，付加基金50％
　　退職後：まず個人口座より支払い，不足分は700元まで本人負担
　　　　　　超過分は本人負担と付加基金からの給付

医療等級	本人負担	付加医療基金
1級	45％	55％
2級	50％	50％
3級	55％	45％

　㋺ 入院・救急観察室医療
　　在職時：給付開始標準額1,400元，最高給付限度額56,000元
　　・給付開始標準額以下の医療費
　　　　全額本人負担
　　・給付開始標準額以上で最高給付限度額以下の医療費
　　　　本人負担15％，社会統一徴収基金85％
　　・最高給付限度額以上の医療費
　　　　本人負担20％，付加基金80％
　　退職時：給付開始標準額1,120元，最高給付限度額56,000元
　　・給付開始標準額以下の医療費
　　　　全額本人負担
　　・給付開始標準額以上で最高給付限度額以下の医療費
　　　　本人負担8％，社会統一徴収基金92％
　　・最高給付限度額以上の医療費
　　　　本人負担20％，付加基金80％
　㋩ 外来大病と家庭病床
　　・給付開始標準額はなく，最高給付限度額56,000元のみ
　　・最高給付限度額以下の医療費

第 2 章　社会保障制度の問題点と改革の方向　　　　　117

　　　　　外来大病　　在職時は本人負担15％，社会統一徴収基金85％
　　　　　　　　　　　退職後は本人負担8％，社会統一徴収基金92％
　　　　　家庭病床　　本人負担は20％，社会統一徴収基金80％
　　　・最高給付限度額以上の医療費
　　　　　本人負担20％，付加基金80％
ホ．2001年1月1日以後就業の人
　（イ）個人口座への保険料の積立て
　　　　在職時：個人　退職時まで　前年の本人賃金の2％
　　　　　　　　社会統一徴収基金からの繰り入れ　34歳以下　　　　70元
　　　　　　　　　　　　　　　　　　　　　　　　35歳～44歳　　 140元
　　　　　　　　　　　　　　　　　　　　　　　　45歳～退職時　 210元
　　　　退職後：社会統一徴収基金からの繰り入れ　退職～74歳　　 560元
　　　　　　　　　　　　　　　　　　　　　　　　75歳～　　　　 630元
　（ロ）給付
　　㋑外来・急診
　　　　在職時：まず個人口座より支払い，不足分はすべて本人負担
　　　　退職後：まず個人口座より支払い，不足分は1,400元まで本人負担
　　　　　　　　超過分は本人負担と付加基金からの給付

医療等級	本人負担	付加医療基金
1級	45％	55％
2級	50％	50％
3級	55％	45％

　　㋺入院・救急観察室医療
　　　　在職時：給付開始標準額1,400元，最高給付限度額56,000元
　　　・給付開始標準額以下の医療費
　　　　　全額本人負担
　　　・給付開始標準額以上で最高給付限度額以下の医療費
　　　　　本人負担15％，社会統一徴収基金85％
　　　・最高給付限度額以上の医療費
　　　　　本人負担20％，付加基金80％

退職時：給付開始標準額1,400元，最高給付限度額56,000元
・給付開始標準額以下の医療費
　　全額本人負担
・給付開始標準額以上で最高給付限度額以下の医療費
　　本人負担8％，社会統一徴収基金92％
・最高給付限度額以上の医療費
　　本人負担20％，付加基金80％

㈥外来大病と家庭病床
・給付開始標準額はなく，最高給付限度額56,000元のみ
・最高給付限度額以下の医療費
　　外来大病　在職時は本人負担15％，社会統一徴収基金85％
　　　　　　　退職後は本人負担8％，社会統一徴収基金92％
　　家庭病床　本人負担は20％，社会統一徴収基金80％
・最高給付限度額以上の医療費
　　本人負担20％，付加基金80％

(2) 医療機関・薬局の契約制と予算管理制

　医療保険事務管理機関は指定医療機関および指定薬局と契約を結ぶ。その契約には診療内容，診療項目の管理，薬品の管理，個人口座の使用状況に関する申告，保険機構からの給付条件などが含まれ，また違反行為に対する罰則も盛り込まれた。これらを満たす医療機関と薬局を定点医療機関と定点薬局と呼ぶ。また，それとは別途，従来の出来高払い制を取り止め，毎年の基金の収支バランスを保つように，あらかじめ医療機関と薬局の予算を定めて契約する予算管理制が導入された。この制度は欧米の制度を参考に医療費の過大な拡大を抑制するために導入されたものである。次にその内容について見てみよう。
　①定点医療機関と定点薬局とは
　各レベルの地域社会保障機構より認定を受け，かつ定点医療機関と定点薬局として資格を有する医療機関と薬局を指す。
　②社会保険機構と定点医療機関および定点薬局との契約（抜粋）
　　「都市部職員・労働者の基本医療保険制度に関する国務院決定」，「定点医療

機構の管理に関する暫定方法」および「定点小売薬局の管理に関する暫定方法」に従い，2000年1月に労働社会保障部が，社会保険機構と定点医療機構および定点薬局との間に結ぶ契約書に関する通達を公布している。

イ．定点医療機関

社会保険事務管理機関が，契約医療機関に関する被保険者の名簿・必要情報を提供，保険範囲内医療費の支払い，医療保険政策，管理制度および操作規定に関する変更情報の提供などの責任を負う。一方，医療機関は診療内容，診療項目の管理，薬品の管理，社会保険事務管理機関からの給付条件などに関して制約を受けており，そのうえ，違反行為に対する罰則も盛り込まれている。

ロ．定点薬局

社会保険事務管理機関が，契約薬局に関係する被保険者の変更情報の提供，医療保険政策および政策の変更情報を提供する責任を負う。一方，薬局は処方箋受理の義務，被保険者の個人口座の使用状況に関する申告義務を負い，保険事務管理機関からの給付条件および違反行為に対する罰則などが明記される。

③医療機関の医療行為の標準化と，薬剤リスト，使用できる医療機器の制限

新制度では，医療機関と薬局に競争原理を導入し，医療行為を標準化し，医療衛生資源の利用効率を高めることになっている。これは，欧米で実施されているクリニカルパス（病気別の標準的な処方・治療内容の規格化）やDRG（病気別の平均的医療費の標準化）と同様，医療費の節減に寄与することが期待されている。また，過剰投薬を抑制するため，使用できる薬剤のリストが設けられた。さらに，保険対象となる使用機器についての制限も設けられ，無秩序な機器使用に歯止めがかけられこととなった。会計面においても，医療費と薬剤費を別々に決算・管理する。こうした制限を実行するために，医療機関・薬局は，社会保険事務管理機関の認定を受け，「定点医療機関・定点薬局」とならなければならない。もし，このような契約機関にならなければ，保険の償還が受けられないことになっている。

④選択できる医療機関の制限

患者が選択できる医療機関についても，制限が設けられている。たとえば，北京市の被保険者は3つ～5つの医療機関を選択でき，毎年選択医療機関の見直しも可能となっている。これらの選択できる医療機関は，定点医療機関から

選ばれることとなっている。
　⑤薬価の大幅引き下げなど
　乱立している薬剤メーカーの整理淘汰と医療費増加の抑制をねらって，薬価の大幅引き下げも実施されている。価格統制を担当する国家発展計画委員会は薬価を大幅に引き下げている。また，大型医療設備の使用料の引き下げも同時に実施されている（ＢＯＸ17）。

ＢＯＸ17　薬価の引き下げ

　中国では薬価について国家発展計画委員会が権限を持っており，97年10月以降，薬価引き下げは総額151.6億元に達しているという。
　薬価引き下げは西薬（漢方薬以外）を中心としており，引き下げは製薬会社の主体性の大幅向上を前提に，非効率な製薬会社の淘汰と医療経費の削減を目的に実施されている。

薬価の引き下げ
（単位：％，億元）

	平均引下率	引下薬価総額
1997年10月	15	20.0
1998年4月	10	15.0
1999年6月	20	20.0
1999年6月	5	8.0
1999年8月	15	1.2
2000年1月	10	3.4
2000年6月	15	12.0
2000年10月	20	18.0
2001年4月	20	20.0
2001年7月	15	4.0
2001年12月	20	30.0

（出所）『京華時報』2002年2月7日。

　図2-4は医療保険事務管理の全体図であり，医療保険の登録からサービスを受けるまでに発生したすべての保険業務に対する管理システムを示したものである。医療保険の場合は他の社会保険と異なり，制度が複雑でありその管理の成否は今後の実績による以外確かめようがないようだ（ＢＯＸ18）。

第2章　社会保障制度の問題点と改革の方向

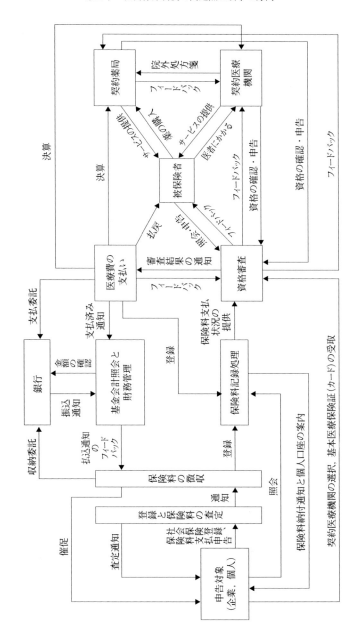

図2-4　都市職員・労働者基本医療保険業務管理図

(出所) 労社部函〔2000〕4号。

BOX18　複雑な管理と情報システムの構築

　医療保健管理は図2-4に見られるとおり，極めて複雑なものであり，また上海市の例に見られるとおり被保険者は5種類に分かれ診療内容によっても区分されるため情報内容は複雑なものとなる。中国はこのような事務処理を医療保険管理情報システムの構築と定点医療機関・薬局・銀行との高速通信網によって行うことになっている。その基本的な考え方は以下の図のとおりである。

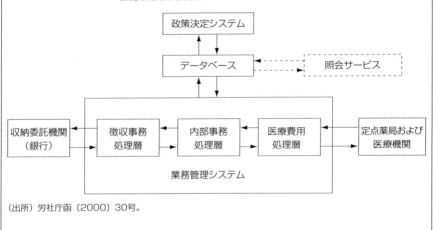

医療保険管理情報システムの基本構造

（出所）労社庁函〔2000〕30号。

4．医療制度改革の効果についての計量的分析

　現在進行中の医療制度改革は，医療費や医療財政にどの程度の影響を及ぼしているのであろうか。現在，大半の地方都市においては，98年12月の「都市職員・労働者の基本医療保険制度の整備に関する国務院決定」を受けて，医療制度改革規定を整備し，施行に移しつつある段階であり，改革の評価を下すことはあまりにも時期尚早である。しかしながら，すでにいくつかの都市では，医療制度改革を実施しており，現時点での効果について，一定の評価を計量的に試みることは可能である。

（1）医療保険給付費への影響

　まず，医療保険財政への影響をデータにより確認する。図2-5は，1人当たり医療保険給付費の推移を見たものである。残念ながら，現段階で入手可能な最新の統計は，1999年度までのものであることから，各都市が新制度を施行している2000年，2001年の効果を見ることができない。しかしながら，モデル都市などが医療保険改革を施行した1994年にはすでに伸び率の頭打ち傾向が見られ，その後伸び率が急速に低下していることは興味深い。新制度元年である1999年には，1％台まで伸び率が低下している。

　また，2001年1月の全国医療会議では，医療改革からの2年間で医療費が平均19％の減少となり，医療費急増への抑制効果が現れていると報告された。1990～98年まで，総合病院の1人当たり1回の外来および入院患者1人当たりの医療費がそれぞれ年平均25.9％と23.7％であったのに対し，2000年には6.1％と4.3％へ低下した。医療改革のうち，医薬品の仕入れに入札制度の導入が一番効果的な改革とされた。2001年に，入札による仕入れ金額は全国の医薬品仕入れ総額の15％を占め，薬価は平均20％低下した。現在，北京市，河北省，江蘇

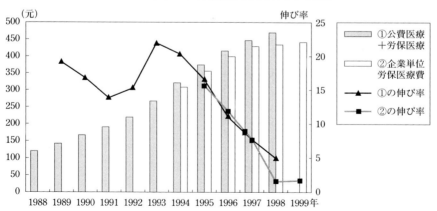

図2-5　1人当たり医療保険給付費と伸び率の推移

（注）「公費医療＋労保医療費」については『中国労働和社会保障年鑑』2000。
　　　「企業単位労保医療費」については『中国労働和社会保障年鑑』2001。

省，福建省，海南省，湖北省，広西省，重慶市などの地域においては2級以上医療機関の60%がこの入札制度を導入し，同期の医薬品仕入れ総額の30%を占めている。今後，入札制度の全国普及とともに，薬価引き下げによる医療費の一層の低下が期待できる。

(2) 家計医療支出への影響

①問題意識

一方，家計医療支出への影響はどうであろうか。医療制度改革が，家計の医療支出にどのような影響を与えるのかは，必ずしも先験的に明らかではない。たとえば，薬価基準の大幅引き下げや，薬価リストによる使用薬剤の制限，医療機関選択の制限，医療機関の予算管理制，医療行為の標準化といった改正は，保険医療費を引き下げる効果がある一方，もしこうした制限や効率化によって，家計が医療内容に不足を感じる場合には，医療保険対象外の治療や大衆薬剤を購入することにより，かえって家計の医療費が増加することもある（コスト・シフティング）。また，改革により一般に自己負担率は増加したことから，家計の医療支出は増加したと考えられるが，自己負担率の上昇が家計の医療行動自体を抑制した場合には，その効果はある程度相殺されている可能性がある。医療制度改革によって家計の医療支出が増加することは，高齢化に対応するために，やむをえないと思われるが，あまりにも大きく家計負担が増える場合には，激変緩和措置の設定などの移行期政策が検討されることになるだろう。したがって，改革による効果をデータによって実際に確かめることには一定の意味がある。

②データ

なお，家計の医療支出については，『中国統計月報』（各月版）の35都市別の家計支出データからとった。この中で医療費支出の定義は，医療サービスと薬剤（西洋薬・漢方薬）に実際に支出した費用であるから，病院や診療所への支払額に加え，大衆薬剤などの購入費も含んでいる。1997年1月から2001年6月までのデータは35都市分（北京，天津，石家庄，太原，呼和浩特，瀋陽，大連，長春，ハルピン，上海，南京，抗州，寧波，合肥，福州，厦門，南昌，済南，青島，鄭州，武漢，長沙，広州，深圳，南寧，海口，重慶，成都，貴陽，昆明，

第 2 章　社会保障制度の問題点と改革の方向

図2-6　家計医療費支出（名目）の推移

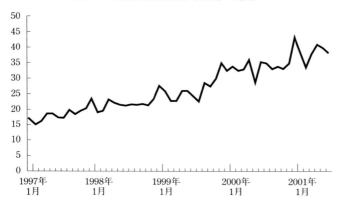

西安，蘭州，西寧，銀川，ウルムチ）プールされている。図2-6は35都市平均の1人当たり家計医療費の動きを見たものである。改革の効果を計測するにあたっては，次の計測式を用いることにした。

$$\log M_{i,t} = a_o + a_M \log M_{i,t-1} + a_I \log I_{i,t} + a_s \text{dum } S_i + \sum_t a_t \text{ dum } T_t + v_{i,t} \quad (1)$$
$$v_{i,k} = e_{i,k} + u_i \quad u_i \sim N(0, \sigma_{2u}),$$

ここで，被説明変数の $\log M_{i,t}$ は，家計調査の医療関連支出額（対数値），I は可処分所得（対数値）もしくは家計総支出（対数値）である。いずれも『中国統計月報』よりデータを入手した。また，dum S は，各都市別の改革の開始（施行）時期のダミー変数（開始以前0，それ以降1）である。すでに実施している都市もあれば，実施していない都市もある（表2-8）。dum T は月次ダミー（1月～11月まで，12月が基準）であり，季節調整を行う。

　推定は，都市別の効果を考慮したRandom Effect Modelのパネル推定を用いた。Fixed Effect Modelによる推定も行ったが，Housman検定を行った結果，Random Effect Modelが採択されている。

　対数所得・対数家計支出の弾力性は，短期弾力性が0.68～0.88，長期弾力性が1.09～1.37とかなり高いことがわかる。一方，「改革以降ダミー」の係数は，

表2-8　35都市の医療制度改革施行時期

都市名	医療制度改革施行時期	都市名	医療制度改革施行時期
北京	2001年04月	青島	2000年07月
天津	2001年11月	鄭州	2001年01月
石家庄	2000年07月	武漢	2001年11月
太原	2001年11月	長沙	2000年04月
呼和浩特	2001年01月	広州	2001年12月
瀋陽	2001年04月	深圳	1996年07月
大連	2000年05月	南寧	2001年06月
長春	2001年10月	海口	2001年07月
ハルピン	2001年04月	重慶	2001年06月
上海	2000年12月	成都	2001年01月
南京	2000年11月	貴陽	2001年12月
杭州	2001年04月	昆明	2001年01月
寧波	2002年01月	西安	1999年10月
合肥	2000年11月	蘭州	2001年04月
福州	2001年01月	西寧	2000年11月
厦門	1997年07月	銀川	2000年07月
南昌	2001年06月	ウルムチ	2000年11月
済南	2001年10月		

0.13～0.14であり，改革の施行により13～14％程度，家計の医療支出が増加しているとの結果になった。したがって，その内容は不明であるが，改革によって，コスト・シフティングは起き，家計の負担が増加していることになる。しかしながら，13～14％という効果自体はそれほど大きいものとはいえない。したがって，改革が家計支出に激変をもたらしたといえるほどのものではないと評価できよう。

(3) 推定結果

　推定結果は，表2-9，2-10に見るとおりである。

　中国の医療保険制度は，高齢化の進展と市場経済化を圧力に，80年代後半から改革に着手し，98年以降は全国統一の医療保険制度が完成した。また，同時に数多くの医療提供体制への改革が実施されている。ただし，現在まさに実施に移行しているという段階であることから，その評価をすることは難しい。ここでは，今後の課題について触れることにしたい。第１の課題は，介護の問題である。中国はいわゆる一人っ子政策を実施している特殊事情があるために，

第2章　社会保障制度の問題点と改革の方向　　　127

表2-9　医療支出関数の推定結果1（対数所得考慮）

	係数	標準偏差	t値
対数医療支出（-1）	0.384076	0.020981	18.306
対数所得	0.688165	0.056165	12.2525
改革以降ダミー	0.14133	0.028483	4.96184
1月ダミー	－0.227078	0.0395	－5.74878
2月ダミー	－0.498324	0.04128	－12.0717
3月ダミー	－0.048535	0.03744	－1.29636
4月ダミー	－0.032409	0.037365	－0.86735
5月ダミー	－0.151457	0.037284	－4.06219
6月ダミー	－0.08667	0.03732	－2.32233
7月ダミー	－0.16741	0.039318	－4.25786
8月ダミー	－0.060682	0.039397	－1.54027
9月ダミー	－0.174681	0.039187	－4.45767
10月ダミー	－0.155788	0.039205	－3.97368
11月ダミー	－0.053785	0.039233	－1.37091
定数項	－2.30854	0.338141	－6.82717

（Adjusted R‐squared=.581845
Hausman test of H0:RE vs.FE: CHISQ(4)=77.611, P‐value=[.0000]
Balanced date: NI=35, T=53, NOB=1855

表2-10　医療支出関数の推定結果2（対数所得考慮）

	係数	標準偏差	t値
対数医療支出（-1）	0.362447	0.019802	18.3036
対数所得	0.884856	0.049733	17.7922
改革以降ダミー	0.133185	0.027116	4.91168
1月ダミー	－0.161355	0.037624	－4.28863
2月ダミー	－0.44692	0.036891	－12.1145
3月ダミー	0.036128	0.036424	0.991887
4月ダミー	0.029324	0.036168	0.810757
5月ダミー	－0.122827	0.035835	－3.42756
6月ダミー	－0.042496	0.035969	－1.18146
7月ダミー	－0.10965	0.037976	－2.88735
8月ダミー	－0.070856	0.037695	－1.87974
9月ダミー	－0.308923	0.038348	－8.05567
10月ダミー	－0.156485	0.037603	－4.16147
11月ダミー	－0.036045	0.03766	－0.957121
定数項	－3.34927	0.295561	－11.3319

（Adjusted R‐squared=.581845
Hausman test of H0:RE vs.FE: CHISQ(4)=77.611, P‐value=[.0000]
Balanced date: NI=35, T=53, NOB=1855

介護の担い手がいない独居老人世帯が増加しており，今後日本以上のテンポで介護問題が顕在化する可能性がある。加えて，市場経済化により，地域コミュニティーの結束が徐々に失われており，懸念材料である。また，農村部の医療保障問題も残された大きな課題である。全人口の7割近くを占める農村部は各種社会保険の対象ではなく，ごく一部で都市部と異なる医療制度が実施されている程度にすぎない。農村部の保障制度を設立し，皆保険制度をどのように構築するかは，全国統一の都市部医療保険制度を構築した中国が，次に取り組むべき大きな課題である。

第3章　中国社会と社会保障制度改革

第1節　社会の安定と社会保障

1．社会の不安定化

　中国政府にとって社会の安定は最も重大な政治課題である。しかし，近年，安定性が損なわれているとの見方が増えており，また，その原因について中国の国民も行政担当者も，また調査年次が異なっても似かよった見方をしている（表3-1参照）。

　このような事態ゆえ，政府は，不安定化に対処すべく次のような多くの対策を実施している。

　①発生した問題への適正な処理

　取締りの強化，最低生活保障などを含む社会保障制度の整備などセーフティネットの構築，労働市場の流動化など。

　②不安定要因自体の発生を防ぐ対策

　公務員賃金の引き上げと幹部規律の明確化，政府権限と執行責任の明確化および権限の縮小などの政府改革，政府内相互牽制・監視機能の整備，持続的発展と格差是正を目指す構造調整（西部開発を含む）など。

　しかし，このような施策にもかかわらず，国民は問題が解決に向かっているとは評価していない。たとえば，腐敗汚職に対し政府は取締り・摘発を強化，また，腐敗汚職の原因となる行政府の膨大な，そして各種の許認可事項を大幅に削減した。しかし，国民の不満はおさまってはいない。その原因は，2001年12月初めに広東省恵州市博羅県で村民委員会の不正に対する不満から農民の争乱事件が発生したことでもわかるように，腐敗・汚職が上から下まで蔓延していること，また，警察・検察・司法内部でも摘発が多いことでもわかるように，

表3-1　社会問題の所在（Ⅰ）

	56名の市長の見方[1]	一般大衆の評価[2]	
	1999年	1998年	1999年
1位	リストラの増加	過度の腐敗現象	過度の腐敗現象
2位	過度の腐敗現象	収入格差の拡大	失業・リストラの増加
3位	過重な農民負担	リストラの増加	収入格差の拡大
4位	過大な所得格差	過重な農民負担	社会治安の悪化
5位	低収入層の増大		党の基層組織が軟弱

（注）1. 1999年5月における56名の地県級市長に対する調査。
　　　2. 国家計画委員会社会発展研究所調査報告。
（出所）胡鞍鋼「関于当前我国社会穏定的状況与対策」2000年10月16日，Forum50。

社会問題の所在（Ⅱ）　　　　　　　　　　　　　（単位：％）

	1位		2位		1位～3位合計	
	2000年	2001年	2000年	2001年	2000年	2001年
腐敗汚職	24.2	19.6	14.1	10.8	59.4	50.0
収入格差	15.6	18.6	17.2	17.6	39.1	45.0
過大な農民負担	11.7	17.6	10.9	17.6	32.8	47.0
社会治安	17.2	13.7	4.7	4.9	25.8	33.3
失業	5.5	8.8	19.5	13.7	33.6	31.3
国有企業問題	6.3	6.9	17.2	11.8	37.6	28.5
貧困	0.8	2.0	1.6	2.9	4.7	7.8

（出所）『前哨』2002年2月号，文林企業（香港）。
（注）同誌によれば出典は雑誌『中国党政幹部論壇』2001年10月で「中国社会形勢分析と予測」
　　　課題組が党中央学校で学習中の地庁級幹部に対して行った調査。

　腐敗・汚職がすべての部門に及んでおり，また，その摘発が恣意的であると見られていることによる。共産党でも1997年からの5年間で592万3400名の党規律違反が見つかっており，うち法的な処分を受けた者が19.4％に達する。80年代後半当時も腐敗・汚職がひどく，これに対する国民の不満が1989年の天安門事件発生の原因の1つとなった。当時を知る人のなかには，現在の方がよりひどいと評価する向きもある。

　収入格差の拡大について，中国政府は農村そして都市部でジニ係数が社会の安定性を損なうか否かの警戒線である0.4％を超えていないとしている（図3-1参照）。しかし，これは都市と農村を区分した計算であり，また，捕捉された収入での話にすぎない。都市・農村を合計したジニ係数は88年0.382，94年0.434，98年0.456との推計があり，新華社さえ現在のジニ係数を0.458と報じている（2001年3月10日）。なお，ジニ係数には灰色収入（法律には触れないが現行の経

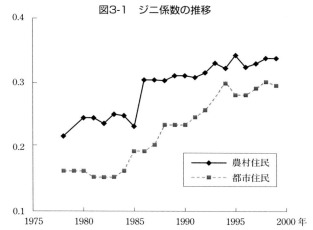

図3-1 ジニ係数の推移

(注) ジニ係数とは分布の集中度あるいは不平等を表す係数で，0に近づくほど平等，1に近づくほど不平等となる。一般に，0.4を超えると要注意と見られている。
(出所) 中共中央組織課題組『中国調査報告』中央翻訳出版社，2001年。

済制度外で得る収入)，黒色収入（違法な収入）は含まれない。これを含むとジニ係数は大幅に悪化し，0.5を超えると見られる。この水準は貧富の差が激しいラテンアメリカ諸国に匹敵する。90年代後半には都市部に全国の富の90％前後が集中しているとの評価が多かったが，今ではこれが95％を上回ると見られるようになってきた。また，1,000万元以上の財産を所有する500万人の90％以上が党・政幹部とその親族からなっているという。収入格差の拡大が問題視されているにもかかわらず，政府は党・政府職員（公務員）の給与を大幅に引き上げている。2001年には15％ずつ2回の引き上げと年末には給与の1ヵ月分に相当する賞与を支給，2002年にも再度給与の引き上げが行われる。この給与引き上げは，①ここ数年の経済成長の鈍化傾向を防ぐための消費拡大策，②公務員給与が低いことが腐敗汚職蔓延の原因であり公務員給与を引き上げなければならない，といった理由により実施されている。しかし，この2つの効果は発揮されておらず，給与引き上げには国民の間のみならず全国人民代表大会委員からも批判が出ている。全国的に見て公務員の賃金が低いわけではなく，一般の労働者に比べ灰色収入が多く，平均より広い商業用住宅を保有している

ことが多い。都市での最低生活保障対象が急増し，都市と農村の格差だけでなく，都市内格差が問題視されるようになっていることを考えれば，公務員給与の引き上げは所得格差をより拡大するだけとの意見が見られるのも故無しとしない。また，給与引き上げにともなう収支増を中央財政補助の増額なしに賄うことができたのは沿海部6省・市にすぎない。給与引き上げ経費を農民からの勝手な費用徴収の廃止にまわすべきといった意見が出るのも当然のことだろう。

　これまで政府の施策は社会の安定に対してあまり寄与してはいない。そこで第10次5ヵ年計画に中国政府が実施しようとしている社会保障改革がどの程度中国社会の安定性に寄与するのかを，労働市場の自由化と労働需給の将来，リストラ労働者と退職者の生活，農民からの費用徴収廃止，社会保障分野への財政支出の4点から見ていくことにしよう。もっとも，2001年から実施されている遼寧省実験に関わる基本文献は公表されておらず，その社会的効果は中国での実際の労働者の抗議行動といったことから類推せざるをえないだろう。

2．労働市場の自由化と労働需給の将来

　現在，中国には3種の労働市場があり，これが一部分断されているため全体として市場の利用度は低い。3つの労働市場とは第1が大学・高等専門学校などの高学歴労働者により構成される市場で，全国的に流動可能な労働市場であるが，市場規模は小さい。第2は都市部の公有制企業（国有企業・都市集団所有制企業）の労働者を中心とする市場で，熟練度は比較的高いが流動性が低い市場，そして，第3は農村地域の未熟練労働者を中心とする労働市場で農村地域内での流動性は比較的高い。賃金水準は高学歴，都市部，農村部と低くなり，失業率も農業部門が抱える1億5,000万人以上と見られる余剰人員を考慮しなければ都市部，高学歴，農村部の順で低くなる。このような中国の労働市場は現在，市場の分断と就業機会の不足の2つの点で問題を抱えている。

　市場の分断とは都市と農村の労働市場が戸籍制度・労働者の身分制度（社会保障制度を含む）ゆえに分断されていることであり，このため労働力の流動が阻害され，賃金水準が歪められてしまうし，消費市場の拡大にとって不利であり，人口流動の有効な管理をも不可能にしている。また，このような戸籍制度は新しい小都市を建設し，農業の余剰人員を吸収しようとする動きとも合致し

ないし，国民に異なる身分制を強制するものである。このため，政府は順次労働市場の一体化をはかることにし，2001年3月（10月実施）に「小都市の戸籍管理制度改革の推進に関する意見」（ＢＯＸ９参照）を公表した。この制度緩和の効果は今のところ大きなものとはなっていない。たとえば，天津・河南・重慶・新疆の4省・市の不完全な統計によれば，138.6万人が都市戸籍を取得したという（『人民日報』2月26日）。4省・市でわずか138.6万人にすぎず，暫住者などもまだ全員都市戸籍を取得してはいないようだ。

　これは，今回の改革の変化が，①都市での既往居住時間制限の取消，②宅地・田畑の使用権の留保，③都市戸籍と同等の権利の3点にあるものの，大部分の小都市では主導する産業が少なく，安定的な職業など対象となるべき人の増加が限られているからである。沿海部での経済の発達した地域では農村戸籍からの移動があっても，中西部ではその発生は限られたものになってしまう。それに，これまでも企業が雇用契約をし，寮を居住地とすれば農村部からの労働力移動が可能だったことも影響していよう。現在のところ，都市戸籍の取得は1980年から実施されている移動の計画指標管理制度のもとでの移動許容量の範囲におさまっている。しかし，中期的に見ると人口流動は徐々に拡大することになる。これまで流動人口は約8,000万人と見られており，うち3割が省外移動である。しかし，今では1億2,000万人と見積られるようになった。今回の制度改革はまず省内移動を増加させ，次いで省外移動へと移っていくことになり，第10次5ヵ年計画期の労働需給計画に大きな影響を与えかねないものとなる。

　就業機会の不足については各種の見方がある。そこで，政府系の研究を中心にその方向性をさぐってみよう。労働社会保障部は2000年に就業メカニズムを発揮できる労働市場の研究を行ったが（干法鳴主編『建立市場導向就業机制』中国労働社会保障出版社，2001年），その研究によれば都市における実態的失業者数は2000年6月末現在次のとおりである。これは実質的な失業率が11.1％であったことを示している。

　　　　実態的失業者数　　　2,138万人
　　　　　うち国有単位　　　1,362万人
　　　　　　都市集団所有　　549万人
　　　　　　その他　　　　　227万人

この数字は政府の登録失業者数680万人（2001年末），失業率3.6％（2001年末）を大きく上回るものである。この乖離は失業者が2001年末2,500万人強を数える再就業サービスセンターに入所している国有企業のレイオフ職員・労働者すら含んでいないなど，政府の統計が実態を表すものではないことによる。サービスセンターに入所してもわずかな手当てが支給されるだけであり，入所していないレイオフ労働者も多い。また，都市集団所有制企業の場合は国有企業と異なり制度的対応はないに等しい。このようななかで政府機関を通じての求職活動をしなくなっている人も多くなってきたという。現実の求職者という点からみれば，失業率が2桁に達しており，それが上昇していると考えたほうがよかろう。

　第10次5ヵ年計画期の需給について，先の研究は7〜8％の成長を前提とし，次のような数字を提示している。

　　都市・農村新規労働市場参入　6,000〜7,250万人
　　農村余剰労働力　　　　　　　1.3〜1.5億人
　　新規雇用創出　　　　　　　　2,500〜3,500万人
　　就業者の自然減による雇用　　4,000万人前後

　この予想では，年間の新規雇用創出を500〜700万人と抑制されたものになっており，これは労働社会保障部の公式見解である800万人を大きく下回る。近年，雇用発生が低下傾向にあり，この予想はこのような傾向から見て妥当なものであろう。ただし，現在の雇用発生の成長率に対する弾性値は0.1程度にすぎず，この予測でさえ農業をも含めた就業者7億人と7〜8％成長を前提とすると，下限値を前提に雇用発生を想定すべきだろう。また，同予測は第10次5ヵ年計画期の総供給が1.9〜2.23億人で，期末における余剰労働力は1.22〜1.48億人前後になるという。ただし，同期間の構造調整により，未熟練労働者が国有企業から2,000万人（2000年6月末で国有企業の余剰人員比率は24.3％と想定していることになる）排出される可能性が高く就業者の自然減による雇用発生がその分低下すること，農村余剰人員がこれまで以上に都市部へ流入する可能性があるとも指摘している。したがって，現行の政府の登録失業率ベースでさえ1〜3年内に登録失業率が7〜9％に上昇，その後も上昇を続けるか，想定より早いうちに失業率が7〜9％以上に上昇するという。しかし，中国内には次のよう

なより厳しい見方もあることに注意しなければならない。
　①2000年11月に国家経済貿易委員会蒋副主任は国有企業の余剰人員を30％と発言している。これは，第10次5ヵ年計画期の未熟練労働者2,000万人の排出予想を上回る2,500万人弱の排出になりかねないことを意味する。したがって，就業者の自然減にともなう雇用発生数4,000万人前後は1,500万人に減少する。
　②1億5,000万人の農村余剰人口は1997・98年当時の推計であり，2000年には1億7,000万人に増加していると見られている。それに，WTOの加盟にともない農業部門は大きな打撃を受けるため，農村余剰人口は2005年に2億人に達する可能性がある。

　第10次5ヵ年計画期の労働需給は極めて厳しく，大失業時代の到来といわれた1999年上期を大きく上回ることになる。このため，農村部からの労働力の移転にともなう保険加入者の増加はあるものの，年金保険の加入者は全体として減少しかねず，赤字を計上する年金基金と失業保険基金が増加し，失業保険の受給期間内に就業できず都市最低生活保障に依存せざるをえなくなる人が急増することになる。2002年の第1四半期の就業状況についての調査（78都市）によれば，求人数129万人に対し求職者は176万人と，求人倍率は0.733と1を切ったままであり，リストラ職員・労働者の再就業者は22.2万人，再就業率4.3％にすぎない。97・98年ごろの50％に比べ極めて低率の再就業率であるが，これは年齢・能力上の問題から雇用のミスマッチが起こっていることによる（表3-2参照）。3月末の失業保険加入者は1億141.8万人，保険加入率は76.6％，失業保険受給者は382.6万人である。受給者は前年同月が244.7万人であったから，一挙に56.4％増加したことになる。失業保険額の75％は，上海・浙江・福建・広東・江蘇・山東・北京の7省・市によって占められている。失業保険への参加率が

表3-2　企業のリストラ職員・労働者の特徴

年齢	平均39歳，35～45歳49.3％，45歳以上23.2％
職歴	平均20年　30年以上12.9％
教育水準	平均教育年数11.27年
熟練度	初級工40.7％　中級工49.7％
リストラ期間	1年以下7.1％　　1～3年49.9％　　3年以上43.1％

（出所）労働社会保障部「10都市リストラ職員・労働者調査」2001年6月。

この地域で高いことが影響しているともいえるが，将来にとって心配の残る数値ではある。社会保障制度が整備されたとしても労働問題から来る社会の不安定要因を当面解消することはできず，不安定要因は拡大する。

3．リストラ労働者および退職者の生活

　2000年に遼寧省と湖北省でリストラされた人々の生活についての調査分析が行われている。また，退職者の調査については唯一上海市で実施されたものがある。そこでこれらを参考にその生活状況について見てみよう。まず，リストラされた人々の以前の平均月収を見ると，298元と低い。これは一般にリストラが発生する企業ではそれ以前から経営が不振で賃金の未払い・削減といった事態が発生することによると思われる。そして，医療費の償還（労働者が支払った医療費を企業が領収書と引き換えに支払うこと），失業保険・年金保険の保険費用納付もない企業が多かった。

　次に，リストラされた労働者の家庭状況を見てみよう。瀋陽・武漢のリストラ労働者の家庭収入と両市が属する遼寧・湖北両省の都市住民家庭収入状況を比較すると次のようなことが指摘できる。

①リストラ家庭収入は5分位で見た家計調査の収入ランクの下から2番目の低収入家庭（中国では下から最低収入家庭，低収入家庭，中等収入家庭，高収入家庭，最高収入家庭の5つに分類）に属する。

②ただし，隠れ就業の収入（灰色収入）を除くと，最低収入家庭に属することになり，瀋陽の場合には最低収入家庭の中でも，生活困難家庭に属することになる。瀋陽の場合にはリストラ職員・労働者基本生活保障収入が低すぎる。これが灰色収入をも捕捉のうえ保障費が減額されていることによるのか，資金不足による支給難かは不明である。

③配偶者が就業中の家庭は49.3％しかなく，配偶者もリストラされている家庭が38％に達している。2001年6月に実施された労働社会保障部の10都市調査でも33.3％が夫婦ともにリストラされている。政府は配偶者がすでにリストラされている場合は，夫婦とも失業することがないよう通達を出している。しかし，これは守られていない。社宅に住んでいる場合，リストラされて3年間で再就業できず再就業サービスセンターから出てしまうと，

第3章　中国社会と社会保障制度改革

表3-3　リストラ前の月収

リストラ前の平均月収	298.0元
リストラ前の月収構造　300元以下	48.9%
300〜600元	46.7%
600〜1,000元	4.1%
1,000元以上	0.3%

（注）調査の有効回答数は4,135。
（出所）夏積智他「瀋陽和武漢両城下崗職工状況抽様調査分析報告」2001年。

表3-4　リストラ前の企業における社会保険実施状況　（単位：％）

	あり	なし	不明
医療費の償還	52.1	43.7	4.2
失業保険費用納付	24.5	53.3	22.2
年金保険費用納付	51.7	32.4	15.9

（出所）前掲論文。

表3-5　リストラ職員・労働者家庭の収入状況

	両市平均	瀋陽	武漢
家庭構成（人）	3.2	3.1	3.3
家庭平均月収（元）	874.3	789.5	968.4
1人当たり平均月収（元）	269.2	248.8	291.0
その他の収入構成員の収入割合（％）	60.9	64.1	57.9
リストラ基本生活費収入割合（％）	11.0	3.1	18.2
隠れ就業の収入割合（％）	28.1	32.8	23.9

（出所）前掲論文。

表3-6　リストラ職員・労働者の配偶者の就業状況　（単位：％）

就業中	49.3
未就業	11.1
リストラ	38.0
退職	1.6

（出所）前掲論文。

表3-7　リストラ職員・労働者の住宅状況　（単位：％）

持家	21.3
社宅	19.6
うち購入	31.0
未購入	69.0
親の住居	43.7
その他	15.4

（出所）前掲論文。

表3-8　新規雇用における雇用契約の状況　（単位：％）

類型	比重
雇用契約なし	78.2
短期雇用契約	3.5
長期雇用契約	18.3

（出所）前掲論文。

表3-9　新規雇用における社会保険などの状況　（単位：％）

保険福利種類	あり	なし	不明
医療費の償還	8.4	88.5	3.1
失業保険費用納付	6.7	88.6	5.7
年金保険費用納付	10.3	85.8	3.9
その他	3.0	88.2	88

（出所）前掲論文。

社宅を出なければならなくなる。中国では企業改革にともない比較的安価で社宅を入手することができるが（表3-7の社宅の既購入者がこれに該当する），未購入者は購入のための資金的余裕はないだろう。

いずれにせよ，リストラされた職員・労働者家庭の収入は，各地の最低収入家庭に属し，隠れ就業（灰色収入）がないと生活は極めて厳しくなる。

また，リストラ後に再就業できたとしても，その状況は相変わらず厳しいようだ。収入は確保されるものの，正式の雇用契約が結ばれていないことが多く，また，社会保険などにも加入していない。

次に，退職者家庭について見てみよう。上海の退職者家庭の現金収入（1人当たり月）は680.55元であり，瀋陽や武漢のリストラ職員・労働者家庭に比べ高い。しかし，これは上海市の平均家庭収入の59.8％の収入にすぎず，上海市では低収入家庭の下に属する。また，退職家庭でも収入のある人は複数存在するにもかかわらず，離退休金以外の収入割合は極めて低い。退職者家庭で離退休金以外の所得を得ている人も比較的高齢と考えられ，高収入の道は少ないようだ。上海市労働社会保障局によれば近年早期退職して悠々自適の生活を選択する人が多いことが上海市年金保険の赤字の原因の1つというが，このような評価はこの数字を見る限り実態と乖離している。高齢者公務員や国有大企業幹部が早期退職しても生活に困らないが，平均的なレベルでいえば中国の年金制度は安心して退職後の生活を営める水準にはない。

以上のようにレイオフされた職員・労働者，そして年金生活者の生活は厳しい。そのうえ，今後より厳しい状況に追い込まれる可能性がある。2001年に開始された遼寧省実験は次のような内容を含んでいるからである（第2章第1節参照）。

①現在，退職者が享受する生活物価補填手当の形式での待遇は増やさない。
②法定退職年齢に5年不足，また勤続年数30年となり再就業が困難なレイオフ職員・労働者には企業内部退職を実施し，基本生活費を支給，法定退職年齢になった時に退職手続きを正式に行う。

現在インフレは鎮静化しているが，将来を考えると，年金に関わる物価補填がなくなるため，年金生活者の生活がより困難になる恐れがある。上記②はより厳しい格差を生むことになりかねない。これまで大手国有企業は早期退職を実施するとき一時金を支払うことが多かった。しかし，この方式では一時金は

第3章　中国社会と社会保障制度改革　　　　　　　　　　　　　139

表3-10　上海市の退職者家庭の収支状況（1999年）

(単位：人，元，%)

	全市平均		退職者家庭平均	
家庭人数	30.8		2.95	
収入のある人	2.46		2.41	
	1人当り月全市平均（元，%）		1人当り月退職者家庭平均（元，%）	
現金収入総計	1,137.57	100.00	680.55	100.00
うち国有単位	412.60	36.27	194.18	28.53
集体単位	250.08	21.98	0.11	0.02
離退休者再就業	42.34	3.72	14.20	2.09
離退休金	219.18	19.27	365.02	53.64
その他	438.37	38.54	107.04	15.73
現金支出総計	1,098.76	100.00	595.54	100.00
消費支出合計	687.31	62.55	535.88	89.88
うち食品	309.34	28.15	292.22	49.07
衣類	45.91	4.18	32.19	5.40
耐久財・同サービス	74.45	6.78	31.73	5.33
医療保険	28.91	2.63	46.12	7.74
交通通信	43.91	4.00	27.32	4.59
文教・娯楽	86.26	7.85	26.14	4.39
家賃・水道・光熱	60.03	5.46	62.40	10.48
その他商品サービス	38.50	3.50	17.76	2.98
非消費性支出合計	185.30	16.86	35.09	5.89
貸借支出合計	226.15	20.58	24.57	4.13
期末手持現金増減	38.81	—	85.01	—

(出所)　上海市城市社会経済調査隊「離退休人員基本生活収支状況跟踪調査報告」。

支払われなくなり，2000年までの早期退職者と大きな格差が出てきてしまう。一時金支払いを「買断工齢」というが，時に10万元前後の支払いが行われていた。大慶油田の場合の「買断工齢」はこれより低いものの高額だったと伝えられている。2002年3月にこの大慶で大規模な労働争議が発生したが，これは上記②に関連したものだったようだ。大慶油田争議は約3万人が加わる大規模な計画で，1万人が大慶油田の功労者である"王鉄人"の墓前で，1万人が省都で，1万人が北京で抗議するというものだったが，北京行きは阻止されたという。このような事態の発生について，「買断工齢」は政府が認めた方式ではなく，「買断工齢」を実施していた企業側に責任があるとの意見も聞かれる。いずれにせよ，法定退職年齢に近い労働者は労働契約を改定され，企業内退職待遇となり基本生活費の支給のみとなってしまう。これまで高額の手当てを支給さ

れ退職した人達との格差は大きい。それに,「買断工齢」は1992年に中央政府が石炭産業の合理化のために中国統配炭公司から転職する人々に対し失業補償金を1万元支給したことに始まる。政府は90年代央には早期退職者を禁止したが,その後も各地で実施されていることについて中央政府は把握していなかったわけではない。ここ数年,中国では労働争議が年を追って増加している。

4．農民からの費用徴収の廃止

農民は税を含め多くの費用を支払わなければならない（BOX19参照）。過重な費用徴収の負担から農民の不満が増大するなかで,92年・96年の2回,国務院は農民からの各種費用徴収が農民の総収入の5％を超えてはならないとの指示を出した。しかし,この通達は守られず農民の不満は拡大するだけであり,江西省で農民2万人の示威行動が発生するなど状況は悪化の方向にあった。こ

BOX19　農民の支払い負担

農民が農業収入から各種生産コストを引いた収入から支払うものには,①農業税・農業特産税・土地移転税・屠殺税などの税金,②郷村財政のための公積金・公益金・村クラスのための管理（3つの提言），9年制の義務教育経費・計画生育事務に関わる経費・軍人優遇経費・民兵訓練経費・村級道路建設費（5つの統一徴収），③その他の費用徴収と労役,たとえば公益事業費・学校改修費・道路・水利改修費とこれら事業への労役提供など,大別して3種がある。中国の報道によれば,1994年から2000年の6年間に,1人当たり税は25元から50.1元に,3提留5統等は40元から66.8元に上昇,この増加率は農民収入を超える伸びであったという（国家計委馬暁河"21世紀農民和農村経済発展的問題"2002年8月,中国宏観経済信息網）。その他の費用徴収は地域によって大きな偏差があり,1台のハンド・トラクターを購入すると28種の各種名目の費用項目を徴収される地域もある。郷村財政収入の不足からその他の費用徴収は上記のほか2項目以上に急増したと見られる。

負担の増加から農民の不満が高まり,政府は屠殺税とこれに関連した各種費用の廃止,労役提供の廃止,農業税・農業特産税の調整などを実施せざるをえなくなっている。

のような状況下，2000年4月に中央は安徽省の全域とその他省・市の一部で農村における税金と費用徴収の改革実験（費改税についてはＢＯＸ11を参照）を開始した。調査によれば安徽省懐遠県の110万人の農民の納付する農業税と費用徴収の合計1億744万元に占める費用の割合は75％，8,081万元を占めていた。一般に各種の名目で農民に課される費用徴収は農民の総負担額の80％前後と見られており，農民の不満が拡大するのは当然のことといえる。安徽省では50以上の費用徴収項目が廃止され，その結果，全省3,100戸の農家で1人当たりの税と費用徴収の額は26％減少し，93.28元となったという（一部報道では31％減少）。安徽省の改革効果から，農民からの費用徴収の廃止を2001年に全国で実施，中央は2002年に基本完成を目指した。

　もっとも，農民からの費用徴収の削減は下級政府の財政収入の縮小を招く。省レベルで全国一の財政収入がある広東省でも累計で6億4,000万元の教師への賃金不払いがあるという（『明報』2001年2月16日）。広東省の湛江・茂名だけで3億2,000万元の未払いというが，下級政府の財政収入の減少はこのような状況を悪化させかねず，また，教育を重視する政府方針とも矛盾するし，既述のように，社会保障，特に社会福祉救済分野については県・郷財政が重要な役割を担っているため，この分野への影響も大きなものになる。このため，中央は年200億元の補助金を出すことにし，2001年から農村部の税費改革実験を大幅拡大することになっていた。しかし，2001年2月に開かれた全国農村税費改革実験工作会議では，実験を各省政府の自主決定とし，また，農民からの費用徴収は地方によって徴収内容などに大きな差があるため，中央は統一的な規定を作らず，各地の実情にあわせて実施するとした。また，前年の安徽省の実験結果に続き，2001年に入ってから陝西省3県の実験による農民の負担減は27〜51.29％，平均37.95％の減少，福建省では，2001年の農民負担の減少は全部で16億元で1人当たり100元を超え，農民が家を建てる時の55の収費項目は6項目に削減されたなどの事例が報告された。しかし，年央前後からは，税費改革の実施による下級財政の税収困難が報道されるようになり，2001年下期には農業税が総額200億元分減免されるようになった。そして，2001年12月工作会議で，2001年の改革の実施が全省レベルで安徽・江蘇省の2省のみ，その他27省の102県にとどまったことが明らかとなり，さらに，2002年の改革は以下のとおりとなった。

①条件が整っていないところでは全省範囲でやらない。
②これまでの実験県の改革を成功させ，実験範囲は拡大しない。
③中央からの補助以外に，省レベルが一定の資金手当をする。

　しかし，農民の不満はおさまらず，2002年3月の第9期全国人民代表大会第5回会議で農民負担の軽減・農民収入の増加が話題の中心の1つになるにおよび，国務院弁公庁は4月に農村費税改革の20省・市への拡大と，中央からの新たな移転交付金165億元を決めた。農村の費税改革による郷財政赤字は500億元に達すると見込まれるが，この赤字を負担できる省は僅かであり，その多くは中央政府から地方への特定移転交付金となると見られる。農村社会の安定化には財政支出の拡大と地方財政制度改革が必要となる。

5．社会保障への財政資金の投入

　2000年・2001年上期，資金不足の社会保障にとって重要と考えられていたのは資本市場であった。すなわち，国有株式の放出による資金の入手，そして，社会保障基金の資産運用の2つの点から資本市場は重要な役割を果たすというものである。しかし，2001年6月に出された規定に基づき実施された国有株の放出，IPOおよび増資時の調達資金の全国社会保障基金への投入といったことは9月に市場環境の悪化から中止され，10月には6月に出された規定の第5条が，さらに2002年6月には海外上場分を除き，規定のすべてが廃止されてしまった（ＢＯＸ20）。それに，中国の資本市場は多くの点で問題をかかえている。たとえば，上場企業の情報公開，証券会社の経営管理能力，会計事務所の能力，多くの仮名証券口座の存在，機関投資家の育成の遅れなど極めて多くの問題が指摘され，短期的には必ずしもその役割を充分に果たすことは困難と見られる。当面，社会保障の充実は，海外上場と財政資金をどの程度投入できるかに依存せざるをえない状況にある。これまで，地方財政支出の10％弱であった社会保障関連支出を12～15％に引き上げることになっているが，投入増加は主に中央財政に依存せざるをえない。たとえば，1999年に「都市住民最低生活保障条例」が公布された時に，最低生活保障制度に必要な資金は地方財政が分担し負担することになっていた。しかし，北京・上海・江蘇・浙江・福建・広東・山東の7省・市を除き中央が資金を出さざるをえず，この金額は年々増加している。

ＢＯＸ２０　市場環境の悪化

　証券市場の暴落についてはＢＯＸ１４でもふれたが，図に見るように２００１年下期の株価暴落により上海株式市場の総合指数は２０００年初めの水準まで下落してしまった。

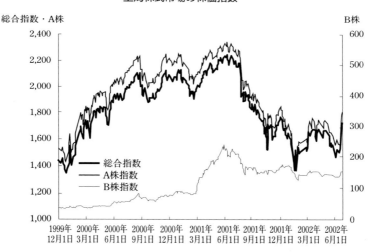

上海株式市場の株価指数

（注）各指数は終値ベース。
（出所）上海証券取引所。

　このような事態が発生したのは，中国経済，特に，金融資本市場が次のような情況にあったからである。
　①９０年代央以降，中国は諸外国に比べ高成長を維持しているものの多くの産業が設備過剰であり，外資系企業を除く民間投資の伸びは低く，国債発行による政府投資により成長を維持せざるをえない状況にあった。国有企業経営もこのようななかで急速に悪化，９８年からの国有大中型企業の改革のなかでは一部の独占的企業の経営改善が進んだものの企業経営は二極化していた。
　②経営の悪化した国有企業を即座に市場から退出させることは失業対策上できず，これを銀行経由の財政資金で維持，一方で金融政策もアジア通貨危機の影響もあり，緩和気味に推移させ，通貨供給量は実態経済と乖離し，着実に増加した。また，多様な金融商品の営業が許されていないにもかかわらず（金融深化が見ら

れないにもかかわらず)，マーシャルの k は先進国水準を上回り急速に上昇した。これは，国有企業経営の悪化のなかで不良債権が急速に拡大し，資金の回転率が大幅に低下していることを意味する。

　③98年に国有独資商業銀行の信用貸付け計画が指令性計画から指導性計画へと変えられた。そして，銀行の資産・負債管理が強化され不良債権の分類管理が強化され，貸出責任制が採用された。一方，相次ぐ金利の引き下げにより預貸利鞘が低下するなか，銀行の営業部門に対する収益向上プレッシャーも高まることになる。優良企業への融資圧力が強まり，優良企業への貸出金利は人民元・外貨ともに低下するし，預貸比率も低下を始める。金融仲介業が収益をあげざるをえないとすれば，資金は違法なルートを含め各種ルートを通じ収益性の高い分野に流出していくことになる。優良企業もそろって財テクに走る。2000年に増資した企業の多くが届出た増資目的ではなく，資金を証券市場などに投入したという。2000年当初，収益性の高かったのは証券市場と各種の企業再編案件である。政府が企業再編を進めていることもあり，特に，この分野は，"唐僧の肉"（三蔵法師の肉の意味）とも評価された。企業再編は既上場企業でも行われていたし，中国では企業再編・M&Aを株式交換により行うことが多い。2001年下期はミニ・バブルの崩壊の過程であった。その後，株価は短期資金の借入れに依存し投機的売買を行っていた大手証券会社の救済，国有株の国内での放出の完全停止（2002年6月）などにより持ち直している。

2001年に中央政府の資金助成は後述するように23億元で，これは前年8億元にすぎなかった。なお，省財政が10億元，省以下の政府が21.1億元で中央・地方合計で54.2億元の支出であり，2002年は58.4億元の予算が計上されている。2001年の中央財政からの全社会保障のための支出は982億元と，98年の5.8倍に増加しており，これは，中央歳出の8.3％を占める。なお，社会保障支出の主なものは以下のとおりである。

　　　　年金保険基金助成　　　　　　　　　　346億元
　　　　リストラ職員・労働者基本生活保障助成　136億元
　　　　都市最低生活保障助成　　　　　　　　　23億元
　　　　全国社会保障基金補充　　　　　　　　 310億元
　　　　社会福祉救済　　　　　　　　　　　　　23億元

　今後，最も問題なのは年金保険だろう。労働社会保障部の研究者によれば，

第3章　中国社会と社会保障制度改革　　　　　　　　　　　145

　年金の個人口座の"空口座"の補填については合計3兆元前後，社会統一徴収基金については2.2兆元が必要だからである。もちろん，これらを一挙に補填する必要はないにしろ，平均して年1,000億元，特に，第10次5ヵ年計画期は年1,500億元前後の資金が必要になるだろう。このような社会保障分野への財政資金の投入拡大のためには，今後とも財政収入が早いテンポで拡大しなければならない。なお，今後，財政が増大する資金需要を負担しなければならなくなる分野は社会保障だけではなく，前述の農村費税改革経費，そして，金融部門の不良債権処理，増大する国債の償還，教育経費などがある。これら増大する資金需要の中で，特に教育が社会の安定のために重要となってきた。なぜならば，"失うものは何もない"と考える人々が増大するなかで，このような人々もチャイナ・ドリームを子供に託すことができるか，すなわち義務教育を無料化できるかが社会の安定を左右するからである。生活保護世帯の子供の義務教育の無料化ができないと，"失うものは何もない"だけではなく，"先行の望みもない"人々が増加することになる。

　2001年の歳入（中央・地方）は1兆6,371億元（債務性収入を含まず）で，前年比22.2％の増加となり，GDP比17.1％となった。この高い伸びは，車両購入付加費を車両購入税に改め（費改税），予算に組み入れたなどによる増収など特殊な増収要因が含まれているからである。このため，2002年の予算では10.0％増の1兆8,015億元を予定している。中国の財政収入のGDP比は1960年39.3％を記録したことがあり，改革・開放政策が本格化する1978年でも31.2％の高さにあった。しかし，分権化の動きのなかで，この比率は低下，1995年には3分の1の10.7％にまで低下してしまった。もっとも，各種の名目による費用徴収は拡大しており，このような予算外資金収入を含めると1995年はGDP比14.8％と，1978年に比べ約2分の1の水準ということになる。政府は，漏税・逃税の回避，予算外収入の一部を目的税として予算収入に繰り入れるなどの方法で予算収入を拡大しており，6年で10.7％を17.1％にまで拡大することができた。2001年の予算外資金についての発表は遅れるため正確な数字は明らかではないが，合計してGDP比20％程度と予想される。中国は，第10次5ヵ年計画期には以下のことを実施する予定であるが，税収の伸びは想定される義務的経費の増加を賄うことは困難だろう。

①総合予算制度への移行

　財政は公支財政の名のもとに市場競争にゆだねるべき分野への財政資金供給を3年以内に停止する方向にあり，これを前提にこれまでの予算管理を変更することになっている。これまでの予算は全額予算（全額財政が支出），差額予算（部門収入で賄えない支出を財政が支出），自収自支（部門収入で支出を賄う予算外収支）に分かれていたが，これを収入すべてを統一した収入として予算編成に組み入れ，財政供給能力と必要性に応じて支出する統一予算・統一編成・統一管理といった総合予算管理制度に移行することになる。そして，総合予算管理のもとで，予算外資金の財政専用口座管理への変更，支出予算編成手順の確定，国庫への収入・支出の集中，公開入札による政府調達の実施などが行われる。

②税制改革

　税制改革については多くの検討が続けられている。しかし，最近の目立った動きは消費税の課税対象品目の削減，企業所得税の申告納税の普及，印紙税が証券市場の活性化のために0.4％から0.2％に引き下げられたこと，金融機関の営業税を2001年から年1％ずつ引き下げ3年間で8％から5％にすること，さらに，WTO加盟にともなう関税の引き下げが実施されたことなどにすぎない。これまで改革が検討されているわりには税制改正は実現していなかった。現在検討されている税制改革には次のようなものがある。

　内外資の企業所得税率の統一と優遇政策の縮小，個人所得税の改正，増値税の基準方式の変更による完全な間接税タイプへの移行と営業税対象業種の増値税対象への変更，社会保険料を税金として徴収（社会保障税徴収への変更），中央・地方の税収分配比率の調整・整備，地方税制の改正などである。

③金税工程・税収徴収管理情報システムの整備

　金税工程の1つとして，1994年に金税工程が50の大中都市で実験を開始し，増値税（中国版の付加価値税）に関わる伝票発行システムが稼動を始めた。そして，2001年7月には，31省・市で中央の税務総局と省・市・県の各税務局がネット化され，増値税における不正が大幅に削減することができた。一方，税務機関の税務処理・管理審査処理などに関わる情報システムが作られつつあり，2001年に浙江・河南・山東・深圳で全面実施し，2002年には，全省・市の地・

市クラスの税務局に拡大することになっている。これらも徴税効率の向上をもたらすだろう。

　第10次5ヵ年計画には勝手な費用徴収の廃止・費用の税への変更以外に，上記のような多くの改革を実施しなければならなくなっているが，このような改革のなかで統合された財政収入のGDP比を25％以上にもっていくことができれば成功といえよう。中国は社会保障分野以外にも支出を増さなければならない多くの分野をかかえている。このため，中国は国内資本市場を利用できないとすれば，海外の資本市場を利用し国有資産の現金化をはからなければならない。優良企業の海外上場はもとより，特定のA株ファンドへの外国投資家の投資許可を進め，将来は台湾方式の資本市場への外資参入を許可することになる。なお，中国の財政管理制度は徐々に整備されてきており，6桁の財政科目分類と同時に，重要な財政支出項目についてはその全体像がわかるように各種の補充資料が作られるようになってきている。社会保障分野もその例にもれず，たとえば，医療機関については医療機関の種類分類のうえ，その収入・支出・決算が細かく集計されている。

　中国が2001年から実験を開始した新社会保障制度は政府の資金投入を拡大するが，一方で国民の自己責任原則をより明確にするものである。しかし，第10次5ヵ年計画期に予想される社会経済環境は政府の資金投入の必要性を増大させ，一方，国民は生活の困難さゆえに不満を増大させかねない。このままでは今計画期にこのような状況が大きく改善するとは考えられない。

第2節　企業経営から見た中国社会保障改革

1．企業の社会保障負担の変化

　企業改革の関連で見ると，中国の社会保障改革とは，企業が独立採算の経済実体となり効率改善や競争力向上を求められるなかで，企業がかつて担っていた職員・労働者の保険・福利に関する負担や役割を社会に移そう（社会化しよう）とするものであった。

　改革が始まる以前，国営企業の職員・労働者の保険・福利の制度は企業単位で運営され，企業は，職員・労働者やその家族の出産，教育，就労，医療，退

職後の生活,住居などのすべてを保障していた。この政策は「低給与高福利」の考え方に基づくもので,職員・労働者の年齢構成が若かった時代は,制度を維持することはさほど困難ではなかった。しかし80年代以降,退職者の数が相対的に増加し,特に退職者を多くかかえる国有企業を中心に,保険福利費用が企業の収支を圧迫するようになった。全国的に見ても,職員・労働者や退職者に関わる保険福利費[1]は,1978年に給与総額の13.3%相当にすぎなかったが,90年になると30%相当を超えてしまった。

次第に重くなる古い企業の負担を軽減するため,80年代の中盤,退職金を地域でプールして使用することから年金保険改革がスタートした。90年代に入ると各種社会保険の整備は大きく進展を遂げたが,こうした改革にともなって企業の職員・労働者保険福利に関わる負担はどのように変化したであろうか。図3-2は,保険福利費用総額の給与総額に対する比率の推移を,現役職員・労働者に関わる部分(医療費・娯楽費等の福利費用など)と退職者に関わる部分(年金保険料,医療費,生活手当て等)に分けて示したものである。

図3-2は,破線が現役職員・労働者に関わる費用の給与総額に対する比率,実線が退職者に関わる費用の比率であり,棒グラフがその合計である。現役職員・労働者に関わる費用の比率は80年頃から90年にかけて5%程度上昇したが,94年に大きく減少し,その後は横ばいである。この94年の減少は,交通費・洗髪

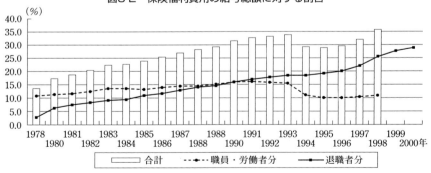

図3-2 保険福利費用の給与総額に対する割合

(注)近年,保健福利費用関連の数値の一部が発表されておらず,整合的な統計はとれない。
(出所)『中国統計年鑑各』年版,『中国労働統計年鑑』各年版。

費等の扱いを福利費から給与に変更したことによるものであり，実質的な減少ではない。したがって，現役職員・労働者に関わる保険福利費は，80年代は給与の伸びを上回って上昇していたが，90年代に入ってからは給与の伸びの範囲内に収まっていると考えられる。なお，現役職員・労働者に関わる保険福利費の統計は99年以降発表されていない。

一方，退職者に関わる費用に対する給与の比率は，80年代から90年代を通じて一貫して延び続けており，特に，95年から2000年の5年間に，18.8％から28.5％まで10％近くも上昇している。この傾向は，同じ保険福利費のGDPに対する割合の推移を見てもほぼ同様である。現役職員・労働者に関わる保険福利費のGDPに対する割合は，93年まで2％台前半であったが，94年21.5％減少し，その後1.5～1.3％の間で推移している，一方，退職者に関わる保険福利費のGDPに対する割合は，90年から95年は2.5％程度の水準にとどまっていたが，その後2000年までの間23.4％に上昇している。これらのデータから見る限り，保険福利に関する企業の負担は近年かえって増加の傾向にあるが，増えているのは退職者に関わる福利費用であることがわかる。これは，78年に国務院が幹部や職員・労働者の退職待遇を引き上げ現在もなお高い待遇が維持されていることと，80年代以降の退職者数の相対的増加という2つの要因によるものと考えられる。

退職者数の現役職員・労働者数に対する比率の推移は，80年には退職者：現役＝1：12.8であったが，91年には1：6.12，そして2000年には1：3.5まで縮小している[2]。特に最近は，国有企業の大量の余剰人員問題が退職者の増加に影響している。90年代中期，経営難に苦しむ国有企業の負担を軽減するため，政府は，一部の地域や業界で従業員の定年を繰り上げて正規退職者とすることを認めた。繰り上げ退職をさせれば，年金保険基金から年金が支給され企業の人件費が節約できるため，多くの企業がこの措置を利用した。だが，なかには20歳台の退職者が出るといった悪用が各地で見られたため，中央政府は98年に繰り上げ定年退職を禁止した。しかし，労働社会保障部の張左己部長によれば，98年の繰り上げ退職者は26万人に達し，全退職者の17.4％を占めていたという。また，いくつかの都市を調査したところ，年金保険に加入する退職者の平均年齢が53歳という結果が出たとも述べており[3]，中国の定年（男性60歳，女性50～55歳）から見て，明らかに定年前の退職者が数多く存在することを示してい

る。

　このことは，年金保険制度に大きな影響を与えた。年金保険制度の受給者の現役加入者に対する割合は1992年に21.6％であったが，98年には32.3％に上昇している（表3-11参照）。その後，99年に政府が全国的に実施した社会保険の普及活動の効果で加入職員・労働者数が増加したため，この割合は多少低下したものの，2000年末で依然30.3％という高い水準になっている。特に96年から98年の変化が大きく，加入職員・労働者数は8,758万人から8,476万人に減少した一方，受給者は2,258万人から2,727万人に増加しており，加入者に対する割合は25.8％から32.2％に急激に上昇した。これには，繰り上げ退職制度の影響が含まれていると考えられる。

　表3-12は，年金保険基金の収支を国有企業・集団所有制企業・その他所有制企業の別に見たもので，ここは賦課方式部分と個人口座による積立方式部分の保険料の両方が含まれている。定年前の退職者が数多く存在することを示している。

　このことは，年金保険制度に大きな影響を与えた。年金保険制度の受給者の現役加入者に対する割合は1992年に21.6％であったが，98年には32.3％に上昇している（表3-11参照）。その後，99年に政府が全国的に実施した社会保険の普及活動の効果で加入職員・労働者数が増加したため，この割合は多少低下したものの，2000年末で依然30.3％という高い水準になっている。特に96年から98年の変化が大きく，加入職員・労働者数は8,758万人から8,476万人に減少した一方，受給者は2,258万人から2,727万人に増加しており，加入者に対する割合

表3-11　年金保険への加入者数と退職者数

（単位：万人）

	1992	1994	1996	1997	1998	1999	2000
加入職員・労働者数（A）	7,775	8,494	8,758	8,671	8,476	9,502	10,447
うち国有企業	6,540	7,006	7,045	6,888	6,647	7,097	7,444
受給者数（B）	1,681	2,079	258	2,533	2,727	2,983	3,170
うち国有企業	1,339	1,667	1,757	1,984	5,144	2,316	2,438
受給者/加入者（B／A）	21.6％	24.5％	25.8％	29.2％	32.2％	31.4％	30.3％
うち国有企業	20.5％	23.8％	24.9％	28.8％	32.3％	32.6％	32.7％

（注）1999年，2000年の国有企業には，機関事業単位の数字を含む。
（出所）『中国労働統計年鑑』2001年版。

第3章　中国社会と社会保障制度改革　　　　　　　　　　　　　　151

表3-12　年金保険基金所有形態別の収支

(単位：億元)

	1992	1994	1996	1997	1998	1999	2000
徴収した保険料	366	707	1,172	1,338	1,459	1,965	2,278
国有	312	599	969	1,131	1,214	1,660	1,888
集団所有制	51	91	139	136	150	180	200
その他	3	18	64	71	95	125	190
支給した養老金	322	661	1,032	1,251	1,512	1,925	2,115
国有	272	551	862	1,059	1,289	1,653	1,792
集団所有制	49	102	151	168	193	236	265
その他	1	7	19	25	30	36	58
年末基金残高	221	305	579	683	588	734	947
国有	201	284	507	599	481	583	728
集団所有制	15	2	−16	−49	−92	−126	−189
その他	5	18	88	133	198	278	408

(注) 1999，2000年の数字の「国有」には期間事業単位を，「その他」には企業以外のその他所有制単位の数字を含む。
(出所)『中国労働統計年鑑』2001年版。

は25.8％から32.2％に急激に上昇した。これには，繰り上げ退職制度の影響が含まれていると考えられる。

　表3-12は，年金保険基金の収支を国有企業・集団所有制企業・その他所有制企業の別に見たもので，ここは賦課方式部分と個人口座による積立方式部分の保険料の両方が含まれている。

　成熟度が高くなっていることに加え，年金保険導入前の旧来の退職制度のもとで保障されてきた高い年金の支給水準を，新たに導入した年金保険の保険料で賄う仕組みになっているため，基金の大部分を年金支給に使い切ってしまい，個人口座の積立てができない状態にある。特に98年は，支給した年金1,512億元が徴収した保険料1,459億元を上回っており，年末の基金残高は97年末の683億元から588億元に，約100億元減少している。99年以降，加入職員・労働者数の増加もあり全体の収支はやや改善されたが，特に収支状態の悪い集団所有制企業では，95年に基金残高が赤字転落しその後も赤字が拡大し続けている。

　しかし一方で，社会保険制度の導入により，古い企業と新しい企業の間で保険福利負担が平準化されたことは事実である。表3-12からわかるように，集団所有制企業の収益悪化とは対照的に，その他所有制企業からの保険料収入は近年大きく増え，黒字が拡大している。92年末にはわずか5億元しかなかった年

末の基金残高は，2000年末には408億元まで伸びており，その他所有制企業から納付される年金保険料が基金全体の大きな支えとなっている。その他所有制企業は，私営企業や外商投資企業など，職員・労働者の年齢構成の若い新しい企業が中心になっているため，年金保険導入時の目的の１つであった古い企業と新しい企業の負担格差の平準化は，一定の成果を得たといってよいであろう。

　さらに，以前は国有企業が担ってきた退職者や失業者などを管理する機能が，現在社会へ移行しつつある。年金保険制度では，従来，社会保険局と企業の間で納めるべき保険料の額と給付されるべき年金の額を相殺し，ネット決済する方式が採られていた。しかし，企業業績の悪化を背景として本来支給されたはずの年金が退職者個人の手元に届かない等の問題が深刻化したため，98年より，企業は社会保険局に保険料の全額を納付し，退職者は自分の銀行口座で直接年金を受領する社会化給付の方式を本格的に導入した。社会化給付への移行は順調に進み，実施割合は2001年10月までに97％に達している[4]。失業者については，98年から国有企業改革の本格化にともない大量に発生したレイオフ職員・労働者を国有企業内に設置を義務付けた再就業サービスセンターで管理し，最高３年間まで生活費を支給する制度を一時的に採用してきた。しかし，2000年から段階的にこの制度を廃止し，他の正規失業者とともに失業保険により保障する仕組みへの移行が進められている。年金や失業保障等の支給の割合が企業の手を離れるにともない，これらの退職者・失業者の管理も，基層の地域社会の枠組みである街道，居民委員会に移りつつある。中国政府は現在，こうした基層の枠組みを「社区」という概念で捉え，国有企業改革や社会保障改革によって企業から分離される社会的役割を，社区の中で提供する住民サービスによって代替していく方針を明確に打ち出している。北京市西城区にある月壇という地域の街道の場合，街道弁事処の下に社区建設協会があり，協会の下に社区居民委員会と社区センターがある，社区センターは地域内６ヵ所に出先のセンターを持ち，さらにその下に45の社区工作ステーションが置かれている。こうした組織により，退職老人や失業者の档案（履歴などを記した書類）の管理，老人大学の開講，医療ステーションでの簡易治療など各種の住民サービスを提供している[5]。1999年，民政部はこの北京市西城区を含む全国25の地域を「全国社区建設実験区」に指定して社区の設置を推進しており，社区の発展にとも

ない，企業の社会的役割は徐々にではあるが軽減される方向にある。
　すなわち，社会保障改革の進行，とりわけ社会保険制度の導入により，企業の社会保障に関する負担に生じた変化については，以下の３点を指摘することができる。
　①全体とすれば，企業の保険福利に関する負担に減少は見られず，給与に対する比率ではむしろ微増の傾向にあるが，その要因は退職者に対する費用の増加であり，近年は国有企業の余剰人員対策の影響も受けている。
　②退職者を多く抱える国有企業や集団所有制企業と，若い職員・労働者の多いその他所有制企業との間の負担の平準化は一定の成果をあげている。
　③退職者や失業者の人員管理や生活費給付の役割は，徐々に企業の手を離れて地域社会の基層組織に移りつつあり，その傾向は今後も進むと予想される。

2．企業の社会保険負担率

　企業経営の側から見ると，制度変更によって具体的にどのような負担が求められるかは大きな関心事である。社会保険料は，各社会保険に関する条例・国務院文件等により，それぞれ給与をベースに国としての基準料率が定められており，企業の負担率は前年の給与総額に対し，年金保険で20％以下，医療保険が6％程度，失業保険2％，生育（出産）保険で1％以下となっている。工傷（労災）保険については職種の危険度によって料率が異なるが，全国および全業種の平均で0.7％程度である。以上の５つの社会保険料に加え，強制の住宅積立制度によって企業および職員・労働者個人がそれぞれ給与の5％以上を積み立てなければならず，そのほかに地域によっては10数％の福利基金の積立てが求められ，これらを合計すると，企業には給与の40～50％相当を上回る負担となっているのが現状である。さらに，社会保険料の料率は地域によって異なる。各地方政府は，国の基準に基づき現地の実情にあわせて料率を設定しているが，最近では，失業保険，生育保険は国の規定した水準にほぼ収斂されてきている。しかし，年金保険や医療保険では，必ずしも国の基準に収まっていない。
　年金保険の場合，かつては同じ省内，あるいは市内でも地域によって料率に格差があったが，97年に国務院が，全国的に企業の料率を20％以下とし個人の

料率を将来 8 ％まで引き上げることを決定した。しかし，高齢化などを要因に従来20％を上回る料率設定をしていた地域では，現在でも20％を超えている例が少なくない。たとえば上海市では，98年に24.24％であった企業の負担率は，引き下げられたとはいえ2001年の時点で22.5％である。また湖北省では，2000年の時点で省内の平均料率は20％であるが，武漢市では25％，一方，十堰市では16％と大きな格差があった[6]。こうした省内の料率格差は他の地域でも依然存在している。現在，全国的に見ると企業の負担料率は平均で22％程度の水準にある（ＢＯＸ21）。

　医療保険については，1998年12月に国務院が，社会統一徴収と個人口座を組み合わせた新しい基本医療保険の導入を決定した。その基本的な考え方は「保障水準を低く抑え，広く普及させる」というもので，外来医療費は個人医療保険口座を活用して個人に負担させ，社会統一徴収保険からの給付対象は原則として入院医療費に限定し，さらに，平均年収の10％以下と約 4 倍を超える入院医療費は給付対象外としている。医療保険財政は破綻させないために給付対象を絞ったうえで，保険料負担を，企業が給与の 6 ％程度，個人が 2 ％と定めた。これは，96年の全国従業員医療費の給与総額に対する比率が7.86％であり，そこから基本医療保険の給付対象外となる建国前の革命に参加加した離休者の医療費や労災医療費，出産医療費などを控除して算定したものである[8]。しかし一方で，この制度が全国的に導入される前に個人口座制を実験的に導入した江蘇省鎮江市や江西省九江市，海南省などの規定では，企業と個人の保険料負担の合計が11％に達しており，当初から，企業と個人を合わせて 8 ％の保険料水準では支出を賄えないのではとの指摘もあった。

　現在，全国各地で新しい医療保険制度が順次導入されているが，表3-13のとおり，最近制度を導入した大都市では，個人の保険水準は 2 ％に抑えているものの，企業の負担は 6 ％を上回っているのが現状である。また，社会徴収保険の支給上限である平均年収の 4 倍を超える入院費用については，企業の補充保険や民間保険会社が提供する医療保険を積極的に活用するのが中央の方針であったが，表3-13にある都市ではそれぞれ強制加入で補充型の保険制度を導入し，企業または個人に追加負担を課している。こうした制度を仮に企業単体で運営すると大数の法則が働きにくく，また企業収益の状況によって加入者の待遇が

BOX21 省別の社会保険料率（1998年ベース）

		年金(%)	医療, 労災, 失業, 生育(%)	合計(%)
1	兵団	37.05	9.8	46.85
2	新疆	25.91	9.8	35.71
3	雲南	24.77	9.8	34.57
4	上海	24.24	9.8	34.04
5	吉林	24.18	9.8	33.98
6	遼寧	24.08	9.8	33.88
7	黒龍江	22.61	9.8	32.41
8	貴州	22.05	9.8	31.85
9	甘粛	21.74	9.8	31.53
10	内蒙古	21.23	9.8	31.30
11	天津	21.46	9.8	31.26
12	福建	20.98	9.8	30.78
13	青海	20.53	9.8	30.33
14	四川	20.47	9.8	30.27
15	江西	20.45	9.8	30.25
16	浙江	20.43	9.8	30.23
17	重慶	20.15	9.8	29.95
18	山東	20.13	9.8	29.93
19	河南	20.70	9.8	29.87
20	河北	19.50	9.8	29.30
21	陝西	19.43	9.8	29.23
22	湖南	19.09	9.8	28.89
23	安徽	18.42	9.8	28.22
24	湖北	18.35	9.8	28.05
25	北京	18.24	9.8	28.04
26	山西	18.34	9.8	28.04
27	江蘇	18.23	9.8	28.03
28	海南	16.43	9.8	26.23
29	広東	16.38	9.8	26.18
30	広西	16.22	9.8	26.02
31	チベット	15.72	9.8	25.52
32	寧夏	15.37	9.8	25.17

（注）　新疆者と新疆兵団は別制度となっている。
（出所）　労働社会保障部社会保険研究所「世紀快択，中国社会保障」。

表3-13　各市の基本医療保険制度の保険料水準と補充保険の概要

市	基本医療保険の保険水準		市が強制加入で設けている補充医療保険制度の負担と概要
北京	企業	9％	企業から給付の1％，個人から月3元を徴収し，基本医療保険の支給上限を超える入院医療費および高額の通院医療費を対象とした高額医療費用互助制度を実施
	個人	2％	
天津	企業	9％	企業から給付の1％徴収し，財政も給与の1％相当以上を負担し，高額の通院医療費を支給対象とした通院高額医療補助制度を実施。さらに個人から月3元の保険料を徴収し，基本医療保険の支給上限を超える入院医療費を対象とした高額医療救助制度を実施
	個人	2％	
青島	企業	8％	個人から月2.5元の保険料を徴収し，基本医療保険の支給上限を超える入院医療費を対象とした高額医療救助制度を実施
	個人	2％	
上海	企業	10％	企業から給付の2％の保険料を徴収し，基本医療保険の支給上限を超える入院医療費を対象とした附加医療保険を実施
	個人	2％	
広州	企業	8％	企業から市の平均給与の0.26％を徴収し，基本医療保険の支給上限を超える入院医療費を対象とした重大疾病医療補助制度を実施
	個人	2％	

（出所）　各市の医療保険規定等から筆者作成。

恣意的に変更される危険性があるため，強制加入の社会保険で実施する方が効果的である。ただし，補充的な制度を加えた医療保険料の負担は当初中央政府が想定した水準を大きく上回ることとなった。さらに，現時点では職員・労働者の子供は制度の対象でなく，旧来の企業からの医療費支給制度の継続など，医療保険料の納付以外の負担が企業に求められることもある。

　医療保険改革はまだスタートしたばかりであり具体的効果を測ることは難しいが，高齢者医療費の単価が現役医療費の3倍と高く，高齢者医療費の全体に占める割合は98年ですでに36.7％に達していることや，高額の医療費を必要とする成人病の発生率も上昇していることなどから，今後の高齢化の進行を考えれば基金財政は決して楽観できるものではない。

3．企業年金制度

　現在，中国で研究が進んでいる企業年金制度も，企業経営に与える影響は少なくない。公的年金にあたる基本年金保険については1997年の国務院決定で，個人口座による積立方式と賦課方式の社会統一徴収基金を組み合わせた制度が全国的に導入され，各人給与の11％に相当する個人口座を設定することとなったが，2000年12月に国務院から出された「都市の社会保障体系を改善する実験

方案」により，将来的に個人口座は給与の11％から8％の規模に縮小し，完全に個人の保険料により積み立てる方向が示された。これによって引き下げられる待遇は，社会統一徴収基金からの代替率を，現行の平均給与の20％から，保険料納付期間に応じて最大30％まで引き上げることによって補うというものである。同時に補充年金について

　①今後，「企業年金」として位置付けること
　②個人口座の方法で管理すること
　③市場化された管理運営方式を採用すること
　④企業の保険料納付について明確な税制優遇策を設けること

が決定した。また，2001年10月25〜26日にOECDと中国労働社会保障部が共催した中国企業年金監督管理国際検討会において，労働社会保障部は，企業年金の加入者が1997年末の300万人台から，2000年末には600万人近くに達していると報告している。さらに，今後基本年金保険の個人口座が縮小されることにともない，個人口座と社会統一徴収基金からの給付部分，そして，企業年金によってそれぞれ30％程度の代替率を確保するという，代替率の方向性が紹介された。

　企業年金制度の導入方針は，すでに内外の証券会社，信託銀行，保険会社などの金融機関の大きな関心を集めており，今後，民間メカニズムの導入により大きく発展する市場と期待される。しかし一方，すでに企業の社会保険料負担は非常に高く，企業年金の推進にあたっては，税制優遇策を設けるだけでなく，基本年金保険やその他の社会保険・福利制度を総合的に見て企業の社会保険料負担が過度に高くならないよう考慮すべきであろう。

4．日本企業から見た中国社会保障制度

　社会保険は，かつては国有企業を対象として制度改革がスタートしたが，現在では，社会保険料徴収暫定条例（1999年1月22日公布，施行）により，基本年金保険料，基本医療保険料，失業保険料の徴収範囲は，私営企業や外商投資企業を含むことが定められている。ただし，制度の詳細の決定は各地方政府に任せられているため，所在する地域によって，加入を義務付けられる項目や負担する保険料率，給付の内容が少しずつ異なっているのが現状で，外商投資企業

については国有企業と扱いが異なる場合もある。なお，私営企業や外商投資企業の社会保険加入率は，国有企業や集団所有制企業に比較して低いため，政府はこれらの企業の加入率を上げることを課題の1つとしている。

　中国に進出している日本企業にとっても，従業員の社会保障問題は大きな関心事である。近年，各種の社会保険が整備されたことは改革の大きな成果であるが，制度や負担料率が頻繁に変更されるため，企業の側に戸惑いがあることは事実である。2001年7月に広東省各市の日系企業（外商投資企業および駐在員事務所を含む）による商工会組織が，進出企業約400社に対して社会保障に関するアンケートを実施した。このアンケートでは98社から有効回答が得られたが，社会保険に関して自由な意見として，社会保険基金の収支が不透明である，従業員は恩恵を受けられることを信用していない，頻繁な変更のため手続きや従業員への説明が大変である，負担の引き上げについて事前通達がなく予算を組んでいないので対応に困る，負担増が大きすぎベースアップを抑制せざるをえない，などの意見が出されている。

　このように，制度に加入している日系企業の中には，制度の信頼性や透明性に疑問や不安を抱く声が少なくない。また地域によっては，社会保険が導入されているにもかかわらず旧来の制度である福利費用の積立てが求められ，企業の負担が過大になっている状態が改善されていない。さらに，企業は，都市戸籍の従業員だけでなく農村戸籍の契約労働者（合同工）についても規定の保険料負担を求められるが，農村戸籍労働者は保険給付が受けられない問題も起きている。中国の社会保障制度は，制度面では先進的な仕組みが導入されてきているが，運用面における問題は少なくなく，早急に改善を行い，加入者の制度への信頼を高めることが必要である。

注
1) 保険福利費の統計には，企業など雇用単位が職員・労働者や退職者のために支出する養老手当，医療費，生活手当等のほか，職員・労働者の福利厚生に関する支出も含まれている。
2) 『中国労働統計年鑑』2001年版，465頁。
3) 「関於社会保障体系建設的有関問題」張左己，＜復印報刊資料　社会保障制度＞2001年第10期，17頁。

4) 『経済日報』2001年12月13日。
5) 2001年8月，北京市西城区月壇社区中心へのヒアリング。
6) 2000年2月，湖北省労働和社会保障庁へのヒアリング。
7) 「関於社会保障体系建設的有関問題」張左己，＜復印報刊資料　社会保障制度＞2001年第10期，17頁。
8) ＜中国社会保険＞1998年第12期，5頁。

第4章　日本の経験と中国社会保障体制の整備

　中国は，社会主義市場経済体制を確立し，国の現代化の実現を目指し社会改革を行っている。この過程で，高度に集中した計画経済の時代に形成された伝統的な社会保障制度は社会主義構造の変更によって解体され，90年代中期からは統一・整備・規範化された社会保障体系の確立に向けて努力し，これを積極的に推進してきた。しかし，この段階の社会保障建設は進展の一方で，さまざまな根本的な矛盾に直面した。これは，高齢化が日増しに深刻になっている，失業率が高止まりしている，社会保障への参加率が低い，地域間の経済・社会の発展がバランスを欠いているなどであり，脆弱な社会保障基金は巨大な圧力を受け財政危機に陥ってしまった。資本市場は不完全で，監督メカニズムが健全ではなく，保障基金の管理と運営にとって大きなリスクがある。多階層の保障体系の建設は緩慢で，発展はバランスを欠き，企業の負担が重く，立法化の水準が低く，法体系が不健全等の状況にある。現在，中国の社会保障制度の改革は不断の深化と探求の過程にあり，手本となる出来合いの方式はなく，現実の経済・社会環境から出発して勇敢に探索し，新しいものを創り出さなければならないだけでなく，外国の経験の中から参考に値するものを捜し出さなければならない。

　戦後の初期，日本は社会保障の法的基礎を固めるとともに，経済の高度成長の時期に社会保障事業を積極的に推進してきた。日本は社会保障制度の実施過程において，既存の制度を絶えず充実・整備するとともに，異なった発展の段階に基づき，社会の変動に適合しない制度と法律に修正を加えた。そして，現在，日本の社会保障は景気不振，人口構造と家庭構造の変化，雇用形態の変化などによる挑戦と試練に直面しており，高度経済成長の時期に確立した社会保障体系に対する改革・調整に迫られている。

現在，中日両国はいずれも社会保障制度改革の並大抵でなく差し迫った任務に直面している。両国の経済・社会条件は異なり，社会保障の発展段階と水準は大きくかけ離れており，社会保障の危機をもたらした歴史的要因も異なっている。しかし，それぞれの特殊性を考慮してみると，両者は形式の点においても内容の点においても一定の同じ構造を持っていることがわかる。それは社会保障の基本的属性およびその社会的役割が同じだからである。まさにこの種の同一構造の存在によって，中日両国の社会保障制度の比較と相互参考が可能となり，現実的意義を持つ。

第1節　中国から見た日本の社会保障制度の特徴と改革

1．日本の社会保障制度の若干の特徴

中国は日本の社会保障制度の50余年の発展の歴史から，多くの重要な意義を持つ経験や特徴を見つけることができる。これらの経験と制度的特徴は中国の社会保障制度の発展にとって啓発と参考となるものである[1]。ここでは制度面に着目し，中国の現状に対して参考になる制度的特徴について述べてみよう。

①国の立法を基礎とし，社会保障の法制度を健全化している。

日本は法によって社会を治めることを重視する国であり，1つ1つの社会・経済制度には厳格な法律の拠り所と手順があり，これは社会保障制度も同様である。戦後の社会保障体制の形成と発展の過程は，関連の法律が絶えず整備され，充実された過程でもあった。日本の現行の社会保障に関連する法律は，大部分が戦後の最初の20年間（経済復興と高度成長の時期）に制定・修正されたものであり，日本の社会保障の法的基礎として，比較的短期間で社会保護体系を確定することに多大な推進力と保証の役割を果たした。

立法の構造と形態から見てみると，日本の狭義の社会保障の法律は大まかに社会保障，公的扶助，社会福祉と公共衛生および医療などの4つの部門に区分され，それぞれの部門に対応した法体系がある。日本には根本的な社会保障法典はないものの，当該部門の1つ1つの法律はいずれも立法機関によって定められたもので，国の法としての属性を有している。このようにして比較的完備した，高次元の，社会保障事業に対応した法律規範体系が形成され，社会保障

制度の実施と管理のための厳密な法的な拠り所が提供された。

　立法の基礎と主旨から見ると，日本の社会保障は公民の生存の権利を保障するという立法の理念のもとに確立されたものであり，この理念の確立は戦後の非軍事化と民主化改革の時期に始まったものである。この時期，日本は労働者の基本的権利承認などといった一連の民主化政策を実施し，国が労働者の生存権を保障した[2]。1950年10月，社会保障審議会の「社会保障制度に関する勧告」は，憲法第25条「すべて国民は，健康的で文化的な最低限度の生活を営む権利を有する」，「国は，すべての生活において，社会福祉，社会保障および公衆衛生の向上および増進に努めなければならない」を基礎として，日本の社会保障制度の主旨を「社会保障とは疾病，負傷，分娩，廃疾，死亡，老齢，失業，多子その他の原因に対し，保険的方法または直接公の負担において経済保障の途を講じ，生活困窮に陥った者に対しては，国家扶助によって最低生活を保障するとともに，公共衛生および社会福祉の向上をはかり，もってすべての国民が文化的社会の成員たるに値する生活を営むことができるようにする」としている。

　立法の過程から見てみると，日本の社会保障制度の政策決定は立法・行政・司法などの公的権力と政党・事業主団体・労働組合の共同参与の原則を具体的に表している。日本では，国，利益集団と各種階層の公共政策制定における地位と役割は異なっている。政府は社会公共事務の段取りについてしばしば主導的地位を占めているが，各種階層と利益集団は社会政策の制定について一定の，時には重要な役割と影響力を持っており，社会保障制度の制定と修正はしばしば広範な論争を経て，最終的に一方または多数の当事者の妥協や協力によって成し遂げられる。日本の独特な終身雇用制と企業内労働組合制度のもと，労使双方は社会政策に対処する立場から比較的容易に妥協が成立する。80年代以来の社会保障制度改革は社会の各参与当事者の闘争の妥協の産物なのである[3]。裁判所は独特な役割で社会保障に参与する。裁判所は社会保障政策の発起人ではなく，その法的地位と職責は主として訴訟を裁決することにあり，社会政策を形成するものではないが，裁判所の社会保障の権利に対する追認および立法・行政主体に対する制約の役割は社会保障の発展において軽視できないものである[4]。

②社会保険では立法，行政，執行，基金管理，監督などの各機構が分立した管理体制と運営メカニズムを実行している。

〈立法機構〉立法権は国会に属し，社会保険制度の確定・修正は国会が審議して承認する。社会保障基金の長期投資は国会の決議を必要とする。

〈行政管理機構〉中央と地方の2つに分けられる。中央の行政管理機構は厚生労働省で，社会保障の調査研究，計画，調整と審査に責任を負う。地方の行政管理機構は都道府県である。

〈執行機構〉中央の執行機構は社会保険業務センターで，地方執行機構の被保険者の資料のとりまとめおよび処理の責任を負う。地方執行機構は都道府県の民生主管部門と社会保険事務所（社会保険庁の出先機構で，業務担当者は国家公務員）と末端公共法人組織（たとえば健康保険共済組合，国民健康保険共済組合）である。中央と地方の執行機構はコンピュータでネットワーク化され，社会保険事務の処理はオンライン化されている。

〈審査機構〉日本政府は，「社会保険審議官および社会保険審議会法」に基づき，専門の社会保険審査制度を設けている。厚生労働大臣の任命を経て，各都道府県に2名以上の社会保険審査官を配置し，これが第1審機構となる。第2審の責任を負う機構は5名の委員で構成される社会保険審査会で，審査会の委員は衆参両院の承認を経なければならず，首相によって任命され，任期は3年である。審査の対象は被保険者の資格，基準報酬，保険金の支給および保険料徴収等の面に及ぶ。審査の手順は，被保険者は口頭または書面の形式をもって地方審議官に審査を申請することができ，特別の費用を負担する必要はない。地方審査官の1審採決に不服な場合，社会保険審査会に申し立てを行うことができる。審査会の審理は公開で行われる。審査会の2審採決に不服な時，当事者は裁判所に訴訟を提起することができる。

〈保険基金管理機構〉社会保険基金の安全性と独立性を保証するため，政府は国民年金と厚生年金特別会計を設立し，責任をもって全国の国民年金と厚生年金を統一管理する。特別会計の収入は社会保険納付料，国庫負担および保険基金の運営収入であり，支出は主として年金給付と福利施設の投資に用いられる。

特別会計は収支による残額の大部分を財務省資金運営部に「預託」し，同部

はこの積立金と郵便貯金，簡易保険資金，産業投資特別会計，政府保証債権などを国の財政投融資計画に統一して組み込む。「預託」金の大部分は国債購入と長期投資に用いられ，残りの部分は厚生年金福祉事業団，地方公共団体とその他の機構に引き渡して具体的に処理される。この方法は国が財力を集中して社会保障を含む重点建設を行うことができるようにするだけでなく，保険基金の価値保持，価値増加にも有利である。

全国各地に分布する1,300余社の保険会社は保険料の徴収と支出を責任を持って行う。

〈監督機構〉日本は社会保険基金連合会を設立しており，その本部は東京に設けられ，各都道府県に出先機構が設けられている。連合会は医療機構と保険会社の仲介機構として，医療保険費用の監督に従事し，医療機構が保険会社に対して発行する請求書を審査する。国の薬品と医療の規定に適合するものについて，被保険者が所属する保険会社に送付して医療機構に対する費用支払いの手順が履行できるようにする。そうでない場合は，質問を提出して医療機構に戻して改めて処理させる。

上述の社会保険管理体制は，関係部門と機構の職責をはっきりと分け，相互に制約させるようにしており，社会保険の業務手続は明確で，効率は高く，厳密であり，保険事業の発展に有利である。

③諮問と民間協力制度が存在する。

〈諮問制度〉専門家の諮問は日本の社会保障体系の重要な構成部分である。社会保障制度審議会は首相の諮問機関であり，その職能は全国的な社会保障の計画・立法・運営大綱などについて審議をするもので，日本の社会保障政策制定の面で重要な地位を占めている。日本政府はまた医療保険審議会と年金審議会を設けており，これは厚生労働大臣および社会保険庁長官の諮問機関であり，運営に対して審議する。各都道府県には地方の社会保険審議会が設けられ，医療保険機関に対する保険適用資格の認可と取り消しの責任を負う。厚生労働省には中央職業安定審議会と労働者災害補償保険審議会が設けられ，雇用事項および労災保険について審査する。

〈民間協力制度〉これは民間の力を動員して社会保険の確立と整備に協力してもらうことを主旨とした制度である。社会保険委員会の制度は代表的な制度

の1つである。この制度のもとで20人以上の企業・事業所は専門の要員を設けて社会保険事務に責任を負わなければならず，これらの要員は所在する都道府県の首長によって社会保険委員に招聘され，社会保険委員は自分の職場の幹部および従業員に対して社会保険について指導し，政府と企業の間の架け橋の役割を果たさなければならない。社会保険事務所には社会保険相談員が置かれ，20人未満の企業・事業所に対する巡回指導と業務連絡の責任を持たせている。社会保険委員と社会保険相談員との間では常に業務連絡が保たれ，相互に協力し合っている。

　④国の責任に重きが置かれている混合型の社会保険財政構造である。

　社会保障の責任の帰属の問題において，日本は混合の原則を貫いている。公的扶助部分の拠り所は必要の原則であり，政府が最低生活水準を保証する責任を持つ。年金と医療保険の部分は主として相互貢献の原則に依拠し，その社会保険資金の出所は被保険者，事業主，政府の三者が分担する原則を適用し[5]，その中では政府の責任が比較的高い比率を占める。日本の社会保険の資金には主として保険料，公費とその他（たとえば資産収入など）が含まれ，最近の統計に基づくと，保険料は57％（被保険者26.9％，事業主30.1％），公費は31％（国庫支出27％，その他の公費4％）を占め，その他の資金源が12％を占める[6]。政府は毎年の年金支給額の3分の1を負担するほか，生活困窮者の保険料納付の義務を免除し，特殊な原因によってその他の年金を受けることができない者に対しては福祉年金を通じて援助するとともに，社会保障事務の管理費用全部を負担している。この収入構造は，広範な被保険者と事業主の受入能力を考慮しているだけでなく，中央と地方財政の負担をも考慮しており，政府の税収を主とする英国，北欧型および社会保険収入を主としている欧州大陸型と比べて，一定の合理性を備えている。

　戦後の日本の社会保障発展の過程で，国家財政は重要な役割を果たした。しかし経済発展の速度が遅くなり，人口構造が変化し，国民の生活意識が変化するのにともない，国家財政はますます大きな圧力に直面し，1998年の社会保障基金の収支不足は300億円近くに達した[7]。

　⑤年金保険料の修正積立制が存在する。

　修正積立制の特徴は，保険料率を支給と積立の必要に基づき段階的に調整し，

相対的な安定を保つ点にある。日本の公的年金は5年ごとに一度再計算を行う。修正業務が実際と合致するのを保障するため，政府は専門要員を組織し出生・死亡などの人口動態を予測し，これに基づいて将来の年金収支状況について予測を行う。前回の財政計算における予測と実際が合致しなかった場合，保険料率もしくは給付率を調整し，これによって年金財政を安定させる。この種の方法の実施は年金の積立と支出を保証するのに有利である。

2．日本の社会保障制度の問題と改革

（1）日本の社会保障制度に影響を与える外部要因

　日本の社会保障制度は，60年代から70年代初めまで，日本の経済・社会環境が比較的有利な条件にあったことから，急速な発展と整備が可能であった。しかし，70年代中期に入ってからはさまざまな問題にぶつかっており，これらの問題は今後かなり長い期間，日増しに厳しくなるであろう。日本の社会保障制度が直面している問題には，制度自体の構造的なものと，外部条件に属するものがある。外部条件で最も主要なのは経済成長の低迷，人口構造の変化および雇用制度と家庭構造の変化の3つである[8]。

　①経済成長率の減速は日本の社会保障制度に対して二重の圧力となっている。

　70年代中期に入って以後，1973年のオイル・ショックとそれが引き起こした世界的な経済危機を転換点として，日本の経済成長は明らかな減速そして停滞の感すら呈するようになった。90年代に入って「バブル経済」がはじけたことから長期間の低迷に陥っている。日本政府は景気回復策を何度となく採用したものの，はっきりした効果をあげることはできなかった。

　経済成長が下り坂を辿っていることは，少なくとも2つの面から日本の社会保障制度に重大な影響を及ぼしている。第1に，成長の減速から，国民経済の全体的規模の拡大が困難となり，国の財政収入の伸び率は相対的に鈍化し，社会保障の発展および整備を可能とする財政基盤が大きく弱まってしまった。さらに，経済の減速は労働力ニーズを相対的に減少させ，企業の倒産は絶えず増加し，失業問題を日増しに深刻化させ，失業と雇用保障における負担を大きくした。

②人口構造の変化は社会保障の負担を重くしている。

　60年代から70年代初めにかけて，日本が社会保障制度の急速な発展・整備が可能だった重要な要件は，年齢構造が欧米先進国のような深刻な高齢化の圧力にまだ遭遇しておらず，高齢者人口がもたらす社会保障の負担が相対的に軽いことだった。ところが，出生率と死亡率の急速な低下，平均寿命の大幅な伸びなどにより，日本の高齢化の進行は70年代に入ってから急速に速まった。日本の人口高齢化係数は1990年には12.0％に達しており，この係数はまだまだ上昇し，2025年には27.4％に達するであろう[9]。人口高齢化が速まるのにともない，法定年齢に達して年金を受給する人数は日増しに膨大なものとなり，受給金額は急激に増加し，政府に日増しに深刻な財政負担をもたらしており，社会保険制度・社会保障制度全体にとって重要な問題となっている。

③終身雇用制度が揺らぎ始めた。

　戦後の日本企業，特に大企業が全体的に実施していた雇用制度は「終身雇用制」であり，会社に雇用された者は途中で会社を変えることはなく，事業主も雇用した者を一方的に解雇することは極めて少なく，経済危機または不況であってもこのことは同じであった。終身雇用制の広範な存在は，2つの面から社会保障の負担を軽減していた。その1つは，失業の問題を大きく緩和し，社会保障において失業発生による負担を減らした。第2は，企業は雇用した者が企業のために献身することを奨励するとともに，その後顧の憂いを取り除くため，多くの企業が生活・保健・技術トレーニングなどさまざまな内部保障アイテムと施設を作り，社会保障の負担を代替・軽減する役割を果たした。経済成長の減速に直面し，労働力ニーズが相対的に減少したため，終身雇用制も解体の様相を示し始めている。大企業を含むますます多くの企業が短期雇用・臨時雇用の採用を増やし，企業間の労働力流動が日増しに加速している。雇用制度のこうした変化は，一方で失業問題を激化させ，社会保障の雇用・失業保障の負担を重くし，もう一方で企業内部における生活・健康などといった保障アイテムに対する意欲を低下させ，多くの保障が社会に押しつけられることになった。

④家庭構造の変化が社会保障に多くの影響を与えている。

　日本の家庭構造も急速な変化のなかにあり，その主な傾向は家庭の核家族化，高齢化，独身化，小型化と主婦の就業である。家庭構造のこうした変化はさま

ざまな面から家庭の持つ保障能力を弱めており，もともと家庭によって受けもたれていたいくつかの保障事務が社会に押しつけられるようになった。たとえば，家庭の構成員の中で65歳以上の高齢者人口が増加する一方で，家庭の核家族化はその息子や娘と年とった両親との同居率を大きく低下させ，家庭の小型化と独身化は伝統的な家庭の相互扶助と扶養能力を大きくて低下させ，そして主婦の就業もまた社会の扶養能力の向上を要請することになる。これらは一連の回避できない社会問題を発生させ，社会保障の負担を大いに重たくしており，現在の日本の社会保障制度が直面する今ひとつの重大な問題となっている。

　上述の要素の総合的な影響により，日本政府の租税収入は不足し，財政困難は増大しているのに対し，国が社会保障に用いる財政支出は反対に急激に膨張し，中央の財政は重荷に堪えきれなくなり，社会保障制度改革を必ず実行しなければならなくなっている。

(2) 日本の社会保障制度改革の主な方向

　日本政府は70年代後半から社会保障制度の調整に着手し，80年代以降，改革に力点を置くようになった。1982年，「第2次臨時行政改革調査会」は社会保障制度改革の提案を行い，1986年，日本政府は「長寿社会対策大綱」を制定し，1988年には「長寿，福祉の社会を実現する政策に関する基本的な考えと目標」を発表した。そして1993年，社会保障制度審議会は諮問報告を公布し，社会保障の新しい基本理念として「社会保障は国民全体の利益のために，国民全体によって構築，支持される制度でなければならない」と提起し，社会保障制度に対する全体的認識を新たにするとともに，これを国民のニーズの変化，人口の変化，家庭および地域の変化，女性の役割の変化，労働環境の変化および経済状況の変化に適応させ，21世紀においても持続できるようにするよう主張した。日本の社会保障制度の基本的な方向は次のとおりである。

　①社会保障支出の過度の膨張を抑制し，中央財政の負担を軽減する。

　改革の目標は最初に国庫負担が最大である社会保険部門に集中した。公的年金の面では，1994年に年金改革法案が出され，2001年から年金を受領できる開始年齢を65歳に延ばし，仕事がないかまたは低賃金の者に対しては，60〜64歳の期間に一部の年金を支給することを決定した。財務的に弱い年金部門の過重

負担問題を解決するため，国庫で各年金体系間の財務を重点的に支援・調整する方法を講じて解決していったほか，政府は年金制度一体化の実現を積極的にはかった。医療保険の面では，1982年に制定した「老人保健法」がそれまでの「老人医療公費負担」制度にとってかわり，70歳以上の老人の医療費が各医療保険制度によって共同で負担されることになった。1984年に健康保険法を修正した際には，60～70歳の老人は被用者医療保険の適用対象であり，医療費補助の基準を100％から90％に引き下げ，国民健康保険に対する政府の補助率を引き下げることを決め，同時に「日雇労働者失業保険制度」を廃止し，その他の健康保険に組み込んだ。1986年と1991年の2回，老人保健法を改正し，国民全体が老人医療費を負担する制度を制定した。1992年，およそ5年の期間で財政を均衡させ，同時に保険料率と国庫補助率を引き下げることができるよう，健康保険の中に初めて「中期財政運営方式」を導入した。

②国民の受入能力を考慮することを前提として，保険料率を徐々に引き上げ，「受益者負担」の原則を導入し，費用徴収を多角化した。

1994年の年金改革法案は，厚生年金の保険料率を1994年10月から月標準収入の14.5％から16.5％に引き上げ（労使双方が均等して分担する），1995年10月にさらに0.85％引き上げ，1995年以降は被保険者の夏と冬のボーナス（それぞれ1ヵ月の賃金に相当）の中から，1％の保険料（労使が均等に分担する）を積み立てる，と規定した。しかし，日本政府が講じてきた一連の措置は社会保険財政の赤字拡大の傾向を押しとどめることはできず，組合健康保険を除くすべての保険制度がいずれも赤字となっており，政府の基本対策は保険料率を引き上げることであった。厚生労働省は1999年に年金改革案を立案した。主な内容は給付水準を20％引き下げ，同時に保険料率を引き上げ，今後の改革の方向は賃金代替率を引き下げ，公的年金の規模を徐々に縮小し，企業年金を拡大するというものであった。しかし被保険者（公務員，私企業従業員）と労働組合組織は代替率の引き下げに対してほとんどすべて反対の意見を示したことから，法案の成立は2000年度を待つことになった。日本政府は2001年11月29日，高齢化に即応した保険料率の引き上げと個人負担治療費の比率の引き上げを主とした医療保険財政再建案を提出し，2002年の実施を計画している。

税制改革の面においては，間接税の徴収比率を拡大した。日本は1989年に消

費税を初めて導入し，90年代以来消費税の徴収比率を引き上げることを通じて（1997年以降は5％）社会保障の資金源を保証した。この他，一部社会福祉施設の費用徴収基準の引き上げと有償サービスの範囲拡大を通じて，政府支出の分を減らした。

これらの方法は，最終的にはいずれも国民の負担を直接的，間接的に重くすることになる。したがってどのようにして国民の広範な共通認識と支持を得るかということが，日本政府の一大課題である。

③社会保障事業の社会化を提唱し，各種社会団体と家庭が社会保障において役割を持つことを重視した。

日本は住民の社会福祉参画のメカニズムを発展させることを重視しており，90年代以来，住民が創設した各種の非営利家庭サービス団体が大きく発展している。一部の企業，特に大企業は社会福祉事業に自発的に参画し，各種の慈善活動を通じて社会のために積極的に貢献している。

第2節　日本の制度から見た中国に対する若干のヒント

1．社会保障の立法問題

(1) 立法の基礎について

社会保障は社会の安全を目標とし，社会的公平を原則とし，公民の基本的生存権を保障することを主旨とした社会公共政策である。現代国家はほとんどが，人の生存の権利を憲法の中で確認するとともに，憲法でその保護を約束している。これらの国において，公民の基本的生存の権利を憲法で保障することは，社会保障法立法の法源と基礎となっている。中国においては，憲法の中で「社会保障」という概念を使用してはいないが，関係する章・節において国の責任と公民の権利についての相応の記述を示している[10]。

しかしながら，憲法が確立している公民の権利の社会保障立法の基礎としての地位は，往々にして軽視されている。社会保障制度の確立または改革の理由，依拠について述べるとき，人々が往々にして引用するのは中国共産党中央と中国政府の文献または決議であるが，これらの文書の中には社会保障に対しては

っきりとした，完璧な定義は見られず，社会保障に対する理解は多くがその経済体制改革における効用に傾いているか，または人民の生活水準改善の面に限定されている。90年代中期以来の社会保障制度改革は，基本的には功利的な目的から，制度の設計において効率を公平よりも強調し，政府の責任を軽減し，市場の欠陥補填・公平な収入分配・経済成長の社会的コストを吸収する面における社会保障の役割が軽視され，消費ニーズを抑制し，先行きに対する慎重な心理を強める原因の1つとなっている。社会保障の法的地位およびその経済と社会の発展における役割に対する認識のずれをもたらし，立法の基礎がはっきりしない，あるいは中国の社会保障立法の立ち後れをもたらしている原因の1つとなっている。

(2) 立法の形態について

中国は社会保障法の体系の骨組みを初歩的に確立しており，構造・形式の点においては基本的に現代の社会保障法体系に沿っている[11]。しかし立法の形態から見ると依然として比較的低い段階にあり，大多数が政府の行政法規または部門の規則として公布させるか，政府の政策の形をとっており，国の法律の形態を備えてはおらず，その拘束力は比較的弱い。法規形成の過程において，主導的役割を果たすのは政府の意志であって国の意志ではない。異なった政府部門の立場の違いにより，一部の法規は統一性と厳粛性が欠けており，実施の過程で矛盾が起きたりつながりがなくなるといった事態が発生しやすく，異なった利益の主体がぶつかり合うなかで実施の効果は割り引かれることが多い。先進国の社会保障制度普及の経験から見ると，体系を創建した初期に立法の強化を実施し，これによって社会保障体系の確立と発展を保証したのである。現在，中国は全国統一の，整備された，規範化された社会保障体制体系を確立する差し迫った任務に直面しつつある。中国の実際状況から出発して，関係する国際組織が制定した社会保障の規則と原則を参照し，各国の社会保障立法の経験を参考にして中国の社会保障立法の建設を強化し，立法の次元を引き上げ，政府の意志から国の意志へと昇華させることが，根本的な戦略的な任務なのである。

現在，中国の専門家，学者の間には根本的な社会保障部門法を先に制定するか単独の社会保障法を先に制定するかという点を巡り論争がある。現在，中国

は社会保障制度の改革について全体的な計画を作り推進する段階にあり，こうした状況下においては，まず，社会保障の目標，主旨と原則を確定し，国の権力機関，行政機関，司法機関および社団法人，商事組織，公民の社会保障における地位，権利と義務，規範と社会保障各参画主体の間を協調させる法律関係を明確にすること，そして，これを用いて関連する法律または法規，総括的な社会保障法を規範化することが必要であり，また時宜にかなったことである。部門に関する法律の確立は当該部門の法律系統立法の整備に有利であり，社会保障制度を正常な法制の軌道に組み入れるのに有利と考えられる。

2．社会保障の政策決定体制と管理体制

現有の政策決定体制と立法の形態によって決められているように，中国の社会保障制度の政策過程は基本的に政府部門の内部で完結・完成されている。ある制度ができる場合，通常は一定の調査研究，方案の設計，試験的運営，総括・評価から政策選択・決定の過程を経るものであるが，閉鎖された，透明性を欠く状態で行われた政策決定は，政策決定者の認識上の限界または政府の意志の作用によるミスが発生することを避けえない[12]。この面において，日本の立法機関の審査認可体制，法定の専門家への諮問のメカニズム（社会保障審議会制度），被保険者，労働組合，党派，雇用者組織，自営業者組織などの社会各利益団体が広範に参画する政策決定の体制は[13]，中国にとって重要な参考となっている。

社会保障の管理，執行，基金運営，審査，監督体制の面において，中国政府は近年いくらかの措置を講ずるとともに徐々に規範化し，整備を進めている。強調すべきことは，社会保障管理体制の面において，中日両国には多くの交流，学習と参考に値することがあるということである。前に述べたいくつかの問題のほか，日本の法定の専門家諮問制度，民間の協力制度および保険料の定期的な審議，修正制度は，中国の社会保障体系を完璧なものとするうえでも重要で，現実的な参考価値を持っている。

3．社会保障の財政構造

社会保険料の資金調達において，中国政府は「国，企業，個人の三者が共同

で負担する」という「多チャンネルの資金供給源」という原則を確立した。形式的に見ると，中国のこうした社会保障財政収入構造は日本と同じ構造を備えているが，それぞれの責任主体の負担比率においては日本と大きな違いがある。中国においては，社会保険基金の出所は主として企業と職員・労働者の保険料納付で，1999年の社会保険基金徴収収入のうち，企業の費用納付が78.2％を占め，個人の保険料納付が21.8％を占めている。2000年はそれぞれ78.9％と21.1％であった[14]。しかし日本の場合，1998年に事業主と被保険者の社会保障納付額に占める比率（公費を除く比率）はそれぞれ52.2％と47.8％であった。政府の責任の面から見ると，中国の1999年の国家財政決算（中央と地方財政を含む）において，「社会保障補助支出」と「社会優待と社会救済費」の合計は523億5,200万元で，国家財政総支出の3.45％を占めている（当該年度の予算においては，この2項目の支出予算は346億9,400万元で，総予算の2.39％を占めている[15]）。日本は90年代初期に，中央の財政支出に占める社会保障および福利支出の比率がすでに37.52％の水準に達していた[16]。この2つを比較すると社会保障における中国政府の責任の異常な低さと企業の責任の異常な高さは，日本の状況と比べて鮮明な対照をなしている。

　中国の社会保障財政構造の現況は，政府の役割についての位置付けと実際の能力のずれとして反映されるとともに，これは改革目標の実現にも反している。国が過度に請け負う伝統的な保障方式を改め，政府の負担を軽減することが中国の社会保障制度設計の主な方針の1つであり，それは現在の社会保障領域における改革の世界的潮流とも合致している。しかし政府の役柄を制度の供給と最終的保障だけに制限し，法定の直接的な責任の位置付けに適切さを欠くならば，憲法に定められている公民の生存の権利において国が負うべき義務または責任を体現できなくなる。社会保障制度の改革においては，個人口座の導入を通じて，国，企業，個人の三者が共同で負担する「資金源の多チャネル化」の目標が実現された。しかし，負担の構造が経済的目標に重きを置きすぎたために社会の目標が軽視され，特に政府の直接的責任を欠く状況において，企業の負担が個人の責任の増加によって適切な水準にまで引き下げられたわけではなく，しかも一部の地方政府は社会保険基金の不足を補填するために企業の納付水準を引き上げている[17]。企業の負担が重くなったことから，保険資金の徴収

に影響し，企業の納付逃れ，納付回避の傾向のため「広くカバーする」という目標に反し，また，企業が保険加入を拒んでいるため「多階層の保障方式」の目標の実現にも反している。同時に，政府が極力社会保険基金に依拠して年金の歴史的債務を返済しようともくろんだことによって生じた年金財政の危機，および「低水準」と個人的責任を特徴とした長期目標を強調したため，改革に対する公衆の恐怖心理と政府に対する信頼度の低下をもたらし，早期繰り上げ退職，早期中診療といった深刻な問題を誘発するとともに，消費を手控え，貯蓄を増やして不測の事態を防ごうとする心理が一層強まった。社会保障制度の運営に深刻な問題が生じたとき，政府は社会の安全と政府の責任を強調し始め，短期的な応急措置を制定し，巨額の資金を投入してあわただしく対応するのである。政府が講ずる事後の手当ては，実質的には社会保障のメカニズムに強制されて政府が責任を果たしていることを見てとらなければならない。政府の責任を避け，制度運営が揺れ動いてから手当てするより，政府の責任を確立して社会保障制度の平穏な運営を保障する方がましである。

4．社会保障体系の平穏な運営の問題

　社会保障体系の平穏な運営は，社会保障基金が景気変動と社会構造の変動においてバランスを保つことに帰結する。社会保障基金のバランスは主として基金の徴収納付，給付水準，基金運営収益率の高低および国の財政の支持の力によって決定される。これらの要素はいずれも国民経済の運営状況，人口と社会の構造変動の制約を受ける。これらの条件に変動が発生した場合，社会保障基金のバランスに異なった影響をもたらす。一般的な状況において，人口の変動は漸進的なもので，変動の周期は予測することができ，把握しやすいものである。経済運営の状況は相対的に比較的大きな変数が存在し，国際的な政治，経済状況，自然環境，国内の政治，経済，社会などの要素がすべて直接的または間接的に異なった作用を及ぼすとともに，社会保障基金に伝えられ損益の変動を生じる。したがって，社会保障制度の設計は社会発展の目標を十分に考慮するほか，経済，社会的要素の変動の影響を予見しなければならない。

　一般的にいうと，社会保障基金の支給手段は経済の変動によって生ずる外部の社会的コストを緩和または吸収する役割を持つ。一定の時期，一定の程度バ

ランスを失うことになっても，やはり積極的な社会的意義を持っており，政府の支給移転を通じ，経済発展の段階において再びバランスを回復することができる。しかし，経済状況が長期的に悪化している状況では，国家財政であろうと，基金自体であろうと，巨大な圧力に直面することになり，社会保障制度を危うくし，継続を困難にする。日本が経済の高度発展時期に制定した社会保障政策は，長期衰退の影響を予見することができず，長期間続いた「国債依存型」財政によって政府は社会保障基金をバランスさせる面で思うように力を出せなくなり，その後の改革は実際にはやむをえず実行したものになった。長期間平穏に運営できる社会保障制度をどのようにして制定するかが，中国政府が直面している重要な課題である。

社会保険の納付の義務と受益の権利が対等であるため，「低水準」は基金のバランスを保持する効果的な方法ではない。保険料率引き上げと給付率引き下げは企業と個人の負担を増し，被保険者の利益を損なうために社会保険の主な資金供給者の反対に遭うことになる。社会保障基金の調達と運営は完全に（または主として）民間または政府に依存しているため，基金のバランスをリスクにさらすことになる。したがって，政府，企業，被保険者の間の連帯責任を適当な比率に従って適切に確定する。中国の社会保障基金運営危機の状況から見ると，問題のカギは国家財政の体制，支出構造と監督体制を改革し，公共の財政体制を確立し，社会の安全を保障することを政府の財政活動の重要な目標とするとともに，「予算を均衡させる」ことを原則とした財政の政策決定の運営のメカニズムを確立し，政府が受け持つ社会保障の直接の責任と最終的責任の財政基盤を固めることにある。

5．重点の明確化と社会保障への加入拡大

日本の社会保障体系は労働者を中心とするものから，国民全体を保障するものへと拡大発展してきた。中国の条件は日本と違うが，社会保障体系の確立はやはり重点を明確にし，順序だてて発展させなければならない。ここ数年，中国の社会保障制度改革は大きく発展しており，その加入対象は国有企業事業単位の職員・労働者から都市のその他の経済機構の職員・労働者に徐々に広がっているものの，社会保障の実施範囲はまだ比較的狭く，都市と農村の間，所有

制の異なった企業の間，異なった地区の間の差は大きすぎ，社会保障を受ける権利のない多くの職員・労働者と低水準の保障状態に置かれている職員・労働者の生活上のリスクを防ぐ能力は極めて弱い。このような社会福利資源の分配が不公平で，不適切な状況は，大多数の職員・労働者が享受すべき基本的権利を奪い取っているだけでなく，市場経済体制の発展，労働力の流動と社会の安全に深刻な結果をもたらしつつあるかもたらすことになる。「唯生産力論」により，社会保障の生産力を発展させる機能を軽視し，公民の基本的権利と社会保障のニーズを軽視する思惟方式，およびこの種の思惟方式のもとにおいて制定された社会政策は，中国の経済と社会の発展にとって無益である。中国の社会保障体系建設の方向は，都市職員・労働者を重点とし，都市と農村全体ないし社会全体に徐々に拡大していくものでなければならない。その中で，「二元化社会」の考えの限界を突き破り，中国の公民の大部分を占める農民と農村から移転してきた勤労者を社会保障体系に組み込むことが，中国の社会保障事業の発展ないし経済，社会の発展が直面する重大で差し迫った課題である。中国と日本の具体的な国情は異なるものの，農村人口の社会保障問題を解決した日本の歴史的経験には，中国にとって学習，参考に供することのできる点がいくらでもある。

　同時に，社会保障への加入を拡大する過程においては，社会保障の拠り所，規範，準則と基準を制定しなければならないだけでなく，制度の運営における監督と制約のメカニズムを整備することに注意しなければならず，異なった社会グループの特色に基づいて制度設計の合理性と実行可能性を十分に評価しなければならない。そうしないと，公衆が参画をおろそかにして形式に流されたものになってしまうことがある。この面において，日本の国民年金「空洞化」は中国にとって警告としての意義を持っている[18]。

6．多階層の社会保障体系の確立

　日本は年金分野において比較的整備された多階層の保障体系を確立している。1人の企業被雇用者は一般に国民基礎年金，厚生年金，企業年金（厚生基金年金または適格年金）で構成される3つの階層の保障を得ることができる。1人の被保険者は国民基礎年金に加入する以外に，国民年金基金にも自発的に加入

することができる。日本は社会年金を普遍的に推進すると同時に，さらに各種の商業生命保険があって人々はこれを選択することができる。多階層の年金体系は異なった階層，異なった経済状況の保険加入者の養老ニーズを柔軟に満たすことができる。

　中国は企業職員・労働者年金制度を全面的に改革した初期，やはり多階層の保障体系確立の目標を明確に打ち出したが，その時の考えは年金資金の調達が完全に国または企業によって引き受ける方式を改めることにあった[19]。したがって目標の設定において世界銀行が唱える「多くの支柱」の年金保障体系とは違いが存在する。「多くの支柱」体系の確立は基金の供給源と調達方式の内容を含んではいるが，目的は老人の生活の保障と経済の発展促進の原則から出発して，国の再配分の責任，企業の保険の責任と個人の自己保障の責任によって共同で支える年金制度の構造を確立し，比較的効果的で安全な老年生活リスク保障方式を確立することである。

　中国においては，年金制度の設計において政府の責任を軽減することを強調して企業の責任だけを重くしたため，また長期間，労働力供給が需要を上回っていたため，そして企業と職員・労働者との間の交渉・話し合いのメカニズムが不足したため，企業の企業年金制度確立の能力と動機づけは十分ではなかった。これが多階層の社会保障体系建設を緩慢にした主な原因である。

　中日両国はそれぞれの社会保障制度改革の過程において数多くの類似した問題に直面している。たとえば人口高齢化，人口負担係数の増大，失業率の増加，過度の国家財政負担，年金基金運営のリスク増大などである。社会保障の財政危機脱却の方法と道筋についての学界の探求も同じ方向に向かっている面がある。たとえば退職年齢引き延ばし，政府負担の軽減，保険料率の引き上げ，賃金代替率の引き下げおよび社会保障の「費」と「税」の争い，賦課方式と基金制の優劣の論争である。したがって，両国が社会保障制度改革の面で交流と参考を活発にすることは十分に必要なことである。ただし，中日両国が異なった経済と社会の条件において社会保障制度の調整・改革を行っており，両国の社会保障制度の方式と発展の水準に比較的大きな違いがあり，一部の問題または要因が共通の表現形式を持ってはいるものの，それらの因果関係，構造，性質およびその現行制度に対する影響の程度は比較的大きな違いを示しており，異

なった立場や視野から見ると，異なった，あるいは相反する結論が出る可能性があることも忘れてはならない。双方の特殊性を十分に把握し，具体的な条件と具体的な問題を掘り下げて分析して初めて有益な比較と正確な判断ができる。

注
1）たとえば，中国の一部学者は日本の社会保障体系を次のように考えている。有利なタイミングをとらえ，社会保障制度を迅速に確立，整備および普及させた。また情勢の変化に順応し，社会保障政策の重点的変更を適時実施し，社会保障制度のハイレベルの調整と改革を絶えず行った。社会保障の体系化を進め，対象範囲を拡大し，社会保障体系を多階層，多チャンネルで発展させた。法制を健全なものとし，社会保障体系の運営と管理を強化した。具体的な保険制度の形態から見てみると，人々が健やかな，普遍性のある保険制度を受けるようにさせ，養老を主として遺族・障害者保障機能のある年金制度，失業を救済し，雇用状態を調整し，雇用機会を拡大し，労働者の能力の開発と向上を促進し，労働者福祉などの総合機能を増進・改善する雇用保険制度，老年グループの生活の必要に関心を寄せ，生活サービスを提供することを通じて高齢者の生活の質を保障する介護保険制度などの特徴を持つ。
2）米国占領当局は，差別がなく平等である，国の責任を明確にする，最低の生活水準を保障するという公的扶助の3原則のもと，日本が新しい法律と制度を制定するのを積極的に推進した。1946年の「生活保護法」はこの背景においてできたものである。これと戦前の救貧制度とは根本的な違いがあるが，社会保障体系における公的扶助の意味を理解せず資格審査規定を制定し，執行の過程において「差別のない，平等な原則」の保障が困難となり，授与者の「恩恵を施す」意識と受領者の受け身の意識が取り除かれず，国民は依然として生活保護を国から施しとみなした。
3）最近の1つの例では，厚生労働省は1999年に給付水準を20％引き下げると同時に，保険料率を引き上げるなどの年金改革案を提出したが，被保険者（公務員，私企業被雇用者）と労働組合組織がいずれも代替率を引き下げることに反対の意見を示したため，国会は政府案を2000年度まで持ち越すことになった。
4）たとえば，東京地方裁判所の「朝日訴訟」に対する第1審判決（1960年10月19日）は，厚生省が規定した生活保護基準は生活保護法第3条・第8条に違反しているという結論を出した。これは社会に大きな影響を及ぼし，社会保障の水準引き上げを要求する市民運動と労働者の運動が活発になり，生活保

護の基準も判決が出た後に大幅に向上した。最高裁判所が1982年7月7日に1審の結論を覆したものの，実際には国の裁量処理権は無限ではなく，憲法の制約に従うべきであることも認定され，不合理な実施対策が違憲行為とみなされたことがはっきりとわかる。
 5）中国もまた「多チャネルの資金源」の社会保険資金調達の原則を確立しており，「国，企業，個人の三者による共同負担（「企業職員・労働者年金制度改革に関する国務院の決定」，1991年6月26日）」として示されている。しかし，具体的な責任構成の面で，特に政府の責任の負い方という点で日本と違う点がある。
 6）呂学静編著『各国の社会保障制度』経済管理出版社，2001年版，266頁から引用。他に日本の国立社会保障・人口問題研究所編『社会保障費統計資料（1969〜1998）』（研究資料第300号，2001年3月31日），15頁「表1-1」のデータに基づいて計算すると，1998年の構造は，被保険者の納付が29.5%，事業主の納付が32.1%，公費の負担が24.7%（そのうち国庫負担が19.3%，その他の公費負担は5.4%），その他の収入が13.8%（そのうち資産収入が10.1%，その他の収入が3.7%）。
 7）日本の国立社会保障・人口問題研究所編『社会保障費統計資料（1969〜1998）』（研究資料第300号，2001年3月31日），15頁「表1-1」のデータに基づいて計算。
 8）日本では，経済の衰退と社会構造変化の影響という社会保障の運営に影響する2つの異なったベクトルがある。前者の影響は消極的なもので，後者は大多数が社会の発展にともなって生じた問題であり，しかも社会保障の発展の結果によるものであり，プラスの影響要素である。二者の作用が社会保障の財政危機をもたらした面において帰するところは同じであるが，この種の危機を克服する道筋は社会保障自身を弱めるのではなく，社会保障体系をさらに合理的で，整備された，効果的なものに向かわせることにある。経済的要素からいうと，社会保障が経済上の危機を激化させたのではなくて，経済危機が社会保障の財政収入を減少させるとともにそれに対する給付のニーズを拡大し，苦境にさらしたのである。社会保障がかつて日本経済の高度成長を支えたのと同じように，さらに合理的で整備された社会保障体系は経済危機がもたらした社会の動揺を吸収し，国民経済が比較的安定した中で回復し，高まっていくのを促す。
 9）社会保険研究所『目で見る年金』2000年版，138頁，表14。
10）「中華人民共和国憲法」（1982年修正），第42，44，45条参照。

11) 中国の現有社会保障体系の構造には，年金，医療，労災，失業，出産育児などの社会保険の法規，社会福祉の法規，障害者保護の法規，社会優待の法規，婦女子・児童保護の法規および未成年者の権益保護法，老人の権益保護法などが含まれる。
12) 典型的な事例には次のようなものがある。
1995年，国務院の「企業職員・労働者の年金改革を深化させることに関する通達」が制定した2つの案が，その固有の欠陥によって実施される中で混乱を招いた。ここ数年，政府が年金の歴史的債務を回避しようと試みたため，基本年金基金の支払い危機をもたらした。また2001年の国有持株を減らして社会保障基金を補充する方法の実施によって株式市場の動揺をもたらした。
13) 中国においては，上部の労働組合組織の行政化により，政策決定の参画は末端労組，企業労組が主となる。農民，農村から都市部に移って職に就いている者の代表も政策決定に平等に参画すべきである。
14) 労働社会保障部社会保健事業管理センター編『中国社会保険年鑑』（内部資料，2000年，2001年）のデータに基づいて計算。統計項目には，年金，医療保険，労災保険，出産育児保険が含まれるが，失業保険は含んでいない。そのうち企業と個人の医療保険納付額における比率は3：1に従って計算した。1999年，社会保険料徴収収入は1,359億9,000万元で，そのうち企業の納付は1,063億8,000万元，被保険者の納付は296億1,000万元で，2000年の数字はそれぞれ1,902億5,000万元，1,500億6,000万元と401億9,000万元である。
15) 『中国財政年鑑』（中国財政出版社，2000年版），337～338頁の数字に基づいて計算。
16) この数字は日本の1991～93年にかけての3財政年度の福祉支出の平均水準である。国際通貨基金の『政府財政統計年鑑（1999）』の統計数字に基づいて計算。『国際統計年鑑』（中国統計出版社，2000年版），表9-7「日本中央政府の財政収支」から引用。
17) たとえば，年金制度が規定する企業納付水準は賃金総額の20％であるが，1998年には17省の企業納付水準がこの制限を超過しており，最高は新疆で，25.91％に達している。（労働和社会保障部社会保険研究所『世紀の決定――中国の社会保障体系の枠組み』47～48頁，中国労働保障出版社，2000年版）。
18) 日本の国民年金法は，20～60歳の日本居住者は必ず国民年金に加入しなければならないと規定している。その中では雇用者年金（厚生年金と共済年金）加入者（「第2号保険者」と称する）およびその職業を持たない配偶者（第3号被保険者）は自動的に加入するほか，自営業およびその配偶者，20歳以

上の学生，および法人化されていない5人以下の企業の被雇用者（「第1号被保険者」と総称）は法律上の強制力がある。ただし，実際の運用において法律の拘束力と厳密な監督（監督コストが高すぎる）を欠いているため「第1号被保険者」は実際には自発的加入である。国民年金加入者は収入水準を問わず，すべて同じ額の納付義務を負い，同じ額の給付の権利を享受するとともに，同等の免税待遇と国庫補助額（国民年金給付の3分の1を占める）を享受するため，国民年金の公平性は疑問が持たれている。自営業者は一般的に自己に属する財産を擁し，老年時の生活の年金収入に対する依存が比較的少ないため，国民年金の必要性に疑いを持っており，これに国民年金の収益率が比較的低いことおよび経済の見通しに対する楽観的でない予想が加わり，人々は若い時の納付が年をとった時同じ価値の戻りを得られるか疑いと心配を持つようになっている。上述のさまざまな原因により，約30％の適用対象が加入しておらず（または各種の理由によって納付の義務を免除されているため），一部の人（主として若者）は収益率が比較的高い商業保険を購入することに転じており，国民年金の積立に影響し国民年金「空洞化」の原因となった。

19) 1991年6月26日に国務院が公布した「企業職員・労働者の年金制度を改革することに関する決定」は「経済の発展にともない，基本年金と企業補充年金および職員・労働者貯蓄性年金を結合させた制度を徐々に確立する」と規定した。1995年3月1日に国務院が出した「企業職員・労働者の年金制度の改革を深化させることに関する通達」は，「企業職員・労働者年金制度改革の目標は，今世紀末までに，社会主義市場経済体制の要求に適応した，都市の各タイプの職員・労働者と個人経営者に適用する，資金源が多チャネルの，保障方式が多層的な，社会統一徴収と個人口座を結合させた，権利と義務が対応した，管理サービスが社会化された年金を基本的に確立する」ことを提起するとともに，「国は基本年金を確立し，退職者の基本生活を保障すると同時に企業補充年金と個人貯蓄性年金の確立を奨励する」とした。

補　労働および社会保障事業発展についての第10次5ヵ年計画（要約）

1．「第10次5ヵ年計画」の現況

　「第10次5ヵ年計画」期間における労働および社会保障事業の発展には，多くの有利な条件が備わっている。党中央・国務院は労働および社会保障事業活動を高度に重視しており，第15回党全国大会，15期中央委員会第4回全体会議，15期中央委員会第5回全体会議では，市場主導型の就業メカニズムの構築，就業拡大，社会保障制度の整備および収入分配制度改革の推進に対して明確な要求を提出し，「第10次5ヵ年計画」期間における労働および社会保障事業の全体的な発展に向けての方向性を提示した。社会主義市場経済が初歩段階として確立し完成に向かっているなかで，労働力資源の配置は，市場メカニズムがその基礎としての役割を果たし，新体制のもとでの，さまざまな矛盾と問題点を解決するための基礎を築くものとなる。経済構造の調整とＷＴＯ加盟および西部大開発政策の実施にともなって，わが国の経済構造，特に産業構造は，より合理化され，国有企業は徐々に困難を脱し，国民経済も高度成長を維持することにより，全体的な国力も向上を続けることが見込まれる。また，国民生活は"まずまず"（小康）の状態から若干のゆとりある"まずまず"の社会へと進み，国民の労働・就業・社会保障等についての概念も変化し，市場意識と法制観も基本的に確立されていることから，改革に対する受け入れ能力と自己の保障能力も向上する。こうした有利な条件が整っていることにより，「第10次5ヵ年計画」期間における労働および社会保障事業の発展には，良好な環境と得がたいチャンスが与えられているといえよう。

　「第10次5ヵ年計画」期間における労働および社会保障の発展には，新たなチャンスがあるとともに，以下のような新たなチャレンジにも直面している。①就業矛盾が先鋭化し，構造的失業問題が際立ってくる。「第10次5ヵ年計画」期間には，わが国における都市部の労働力資源の総供給量は，新たに5,200万人増加することが予測されており，都市部で新たに発生する労働力，経済構造調整によって発生する失業者，解雇された職員・労働者，農村部から移転する余剰労働力が集中することにより，都市部の就業状況は厳しいものとなるであろう。農村部労働力の余剰は，現在すでに1.5億人以上に達しており，「第10次5ヵ年計画」期間にも増加が見込まれることから，農村

余剰労働力の移転は，困難を極める任務である。②労働力市場メカニズムは，完全には整備されておらず，労働力資源の合理的かつ効率的な配置には障害がある。労働力市場においては全国統一と開放がなされ，競合関係と秩序ある市場体系が未完成の状態にあり，都市間・地域間の分割状況も完全に打破されていない。また社会保障制度も整備中で，戸籍制度にもさらなる改革を必要とするため，労働力流動化に適応できない状態である。③労働力全体の資質と，経済発展・科学技術進歩および経済構造調整の要求とが合致していない。労働者の職業技能は全体的に水準が低く，現在全国の就業人口のなかでは，学歴が中学校以下の者が全体の84%を占めており，高級技術者が技術者総数に占める割合はわずか3.5%しかない。このため産業構造調整と産業構造の高度化の要求に適応するのが困難となっている。④人口の高齢化と失業者の増加が，社会保障メカニズムに対する圧力となっており，社会保障体系の整備が必要となっている。わが国はすでに高齢化社会に入っており，高齢化に対する保障，特に基本養老年金保険と基本医療保険への圧力が増大している。経済体制改革と経済構造改革およびWTO加盟にともなって，国有企業の余剰人員が労働力市場に参入し，構造的失業者がさらに増加しており，失業保険は極めて厳しい状況に直面している。⑤社会保障の給付資金が不足し，資金圧力が深刻化している。社会保険基金の収支に矛盾が生じており残高不足が発生している。特に養老年金保険料の収入では，増加を続ける養老年金の給付を満たすことが難しくなっている。また，基金残高は主に少数の地域に偏在しており，保険料の統一徴収エリアの行政レベルが地区クラスと低いことから，互助機能が十分に果たされていないのが現状である。このほかには，資金調達ルートが単一で，多元的な資金調達が制度化されていないという問題がある。⑥企業においては，賃金分配方法と分配関係の不合理という問題が依然として存在している。企業内部の平均主義と一部の独占的業種における賃金が極端に高いという問題が際立っており，賃金配分のマクロ的な調整メカニズムと企業の給与体系はまだ整備されていない。⑦労使関係が多元化，複雑化している。労働契約管理の規範化が不充分なため，労働争議・紛争が増加傾向にある。特に集団的な労働争議の規模が拡大しており，労働争議の予防対策も不充分であり，労使関係の調整機構の早急な整備が必要である。

このほか，労働および社会保障についての法制が整備されておらず，特に社会保障関係の法規は不完全である。また，情報システムの構築も，新時代の労働および社会保障事業発展のニーズに適応していない。労働および社会保障関連の改革・発展・安定にあたっては，適切な機会をとらえて，懸案となっている問題を解決し，全力を挙げて「第10次5ヵ年計画」期間における労働および社会保障事業を新たな段階にステップアップさせなければならない。

2.「第10次5ヵ年計画」の指導的考え方と主な目標

（1）指導的考え方

　「第10次5ヵ年計画」期間の労働および社会保障事業の発展は，鄧小平理論を指導思想として「3つの代表」の要求に従って，社会主義市場経済のニーズに適応し，社会主義の初歩段階にある基本的な国情に立脚して，改革・発展・安定という大局から出発し，就業を積極的に拡大して，市場主導型の就業メカニズムの確立を推進することにある。また，解雇された職者・労働者の失業保険，定年退職者の年金の「2つの確保」に引き続き真剣に取り組み，社会保障体系を整備する。収入分配制度改革を推進し，労働者の収入水準を向上させる。労働保障の法制化と情報化を進め，また労働および社会保障事業の全面的な発展を推進することにより，経済発展を促進し，社会の安定を保持する。

（2）発展目標

　「第10次5ヵ年計画」期間における労働および社会保障事業発展の全体的な目標は，わが国の生産力の発展水準に適合し，社会主義市場経済の要求に合致した完全な労働および社会保障制度を構築することにより，都市部の多くの労働者が充分な就業と基本的な社会保障を得られるようにすることである。その主要な目標は以下のとおりである。

　①市場主導型の就業メカニズムを構築し，就業規模を拡大し，就業構造を改善し，労働者の資質を向上させる。

　市場主導型の就業メカニズムを構築して，社会主義市場経済が求める就業サービス体系に対応することで，都市部労働力の秩序ある流動と合理的な配置を実現する。「第10次5ヵ年計画」期中に，全国都市部では就業人口を新たに4,000万人増加させ，農村部からの移転農業労働力を4,000万人とし，都市部で記録される失業率を5％前後とする。「第10次5ヵ年計画」期末には，第1次・第2次・第3次の各産業の就業人口比率を，44：23：33に調整する。労働予備制度および職業資格証書制度の全面的な実施により職業訓練能力を増大し，労働者全体の資質の向上をはかる。国が規定する職業（工種）に従事する就業者はすべて職業資格証書を得られるようにし，高級技能（国家職業資格3級）以上の職業資格証書の取得者を，有資格者総数の20％以上に達するようにする。

　②企業および事業主単位ごとに実施されていた社会保障メカニズムではなく，資金源の多元化・保障制度の規範化，そして，管理サービスが社会化された社会保障体系

を構築する。都市部の労働者が基本的な社会保障を得られるようにする。

　基本養老年金保険，失業保険，基本医療保険，工傷保険，生育保険等の社会保険制度を整備して，完備した社会保障体系の試みを積極的に実施する。安定して，規範化された資金調達メカニズムを構築する。社会保障管理サービスの公共化を実現する。社会保障基金価値の保持と増加のためのメカニズムを検討する。社会保障の行政監督および社会監督を強化して，社会保障基金の監督管理体制を整備する。監督管理を統一化し，全国の社会保障情報サービスをカバーするネットワークを構築し，管理の現代化を実現する。合法的な社会保険の実施範囲の拡大により，「第10次5ヵ年計画」期末には，基本養老年金，失業保険，基本医療保険は，法令で規定されているすべての雇用者および職員・労働者をカバーする。

　③現代的な賃金収入分配制度を構築し，労働者の賃金水準を着実に向上させる。

　"市場メカニズムによる調整，企業の自主分配，職員・労働者の民主的な参加，政府による監督指導"による新しい賃金分配の体制を構築する。賃金分配に対して，市場メカニズムが基礎的な調整の役割を発揮し，企業が労働力市場価格に基づいて自主的に給与水準と職員・労働者の職責責任を決定する「職責による給与決定」の新しいメカニズムを形成する。国有企業経営者による収入分配方法を改革し，国有企業の上層部管理職には年棒制を試行する。賃金の集団協議制を推進する。収入分配のマクロ的な調整体系を整備して，合理的な収入分配関係を保持する。実際の職員・労働者給与の年平均上昇率を5％前後とする。

　④新しい労使関係調整体制を策定し，これを完全なものとして，労使関係の協調と安定を保持する。

　労働契約制度の普遍的な実施を基礎として，労使関係における自主的な協議体制の基礎としての役割を発揮し，整った労働争議仲裁体制を確立して，労働争議処理制度を基本的に整備する。多くの地域で，行政・企業・労働者の三者間の多段階の労使関係協調制度を構築し，労使関係の協調，安定を維持する。わが国の国情に適合した労働保障関係を，徐々に形成していく。

　⑤健全な労働および社会保障法令の体系を構築し，労働保障事業の発展を全面的に法制化する。

　「社会保険法」および付属法令をすみやかに制定し，「労働法」と「社会保険法」を基礎とする労働および社会保障法令体系を徐々に構築していく。労働保障監察制度を整備し，労働保障監察機関を健全なものとし，監察機構による専門的な査察制度を設立する。監察機関と社会監督の強調により，労働および社会保障法令の実施を確実に保障する。労働保障行政法規執行監督制度を完全なものとし，法規執行責任制，評議考課制と規範性文献による審査制度を全面的に推進することにより，労働および社会

保障部門の合法的な行政水準のさらなる向上をはかる。

⑥完全な労働および社会保障情報サービス体系を確立し，労働および社会保障管理サービスの初歩的情報化を実現する。

社会主義市場経済に適応した労働および社会保障統計指標体系を構築し，完全な統計制度と統計方法の改革をはかって，サンプル調査の方法をより多く採用する。多様なルートによる情報収集体系をすみやかに構築し，中心となる都市にデータベースとコンピュータネットワークを設立することを重点として，労働保障情報の一体的管理を実現していく。インフラ建設をすみやかに実行し，コンピュータの応用水準とネットワークのカバー領域を拡大して，労働および社会保障情報サービス体系を整備することにより，社会・雇用者および労働者個人のための情報サービスを提供する。

3．「第10次5ヵ年計画」期間における主要な政策と対策

（1）就業および再就業

①引き続き就業政策を積極的に実行し，就業の門戸を拡大し，就業手段を開拓する。比較的に優位性を持つ労働集約型産業を発展させ，サービス業を大々的に発展させることにより，社区サービス業を今後の数年間にわたって，リストラされた職員・労働者と失業者の主な再就業先として，これを推進する。集団・個人・私営企業を発展させ，労働力吸収力が強く，産業構造調整の方向性に合致している中小企業および労働就業サービス業を積極的に発展させる。パートタイム労働，季節労働等の多様な就業スタイルを実施することにより，労働者の自主就業を提唱する。国際労働市場を開拓し，労働力の輸出拡大をはかる。わが国の低いコストによる競争優位性を充分に利用して，高付加価値の労働集約型製品の輸出を促進し，働く場所を増加する。

再就業者に対する優遇政策を整備して，起業を計画している者には，工商登記，場所の斡旋，税および費用の減免，資金の貸付け等の面でより多くの支援を行う。リストラされた職員・労働者と失業者の就業観を変え，起業のための優遇政策を引き続き実施することによって，彼らが自ら職を求めること，または起業することを奨励・支援する。各地で大々的に公益サービス関連の職域を開発し，特に困難な状況にある労働者を下支えする。西部大開発政策におけるインフラ建設と生態系保護を強化する過程で，積極的に就業手段の開拓に取り組む。

②労働力市場を育成・発展させ，就業サービス体系を整備する。国有企業でリストラされた職員・労働者の基本的な生活保障制度を失業保険制度とリンクさせて市場主導型の就業体制の構築を推進する。パイロットプランを基礎として，企業が新たに人員を削減する場合は，企業が法令に従って労働関係を解除し，職員・労働者は労働力

市場に参加することにより，規定に基づいて失業保険を受けることができ，双方向の選択によって再就業を実現する。すでに再就業サービスセンターに加入しているリストラ職員・労働者も，基本生活保障と再就業協議機関が満了した時点でセンターから離脱して労働力市場に参加する。組織が健全で，運営規則，サービスが整い，厳格な監督下にある労働力市場を構築し，労働力市場建設の科学化・規範化および現代化を実現する。就業サービス体系を確立し，公共職業斡旋機関と民営の職業紹介組織の発展と規範化により，就業指導，職業紹介，職業訓練を強化し，就業サービスの効率品質向上をはかる。これと同時に，就業サービスを社区（コミュニティー）に拡大し，多層レベルでの就業サービスネットワークを形成する。労働力市場情報ネットワークの役割を発揮させ，労働力需給情報の交流を促進し，労働者が，労働力市場を通じて，就業および再就業できるようこれを促進する。労働力市場における価格メカニズムを整備し，労働力資源の配置・資金体系・労働力の流動における市場メカニズムの調整的な役割を発揮させる。

③農村経済構造の調整と都市化のスピードアップに対応して，農村労働力の開発就業活動を進め，多様な手段によって農村の余剰労働力の就業問題を解決する。農村労働力の開発就業活動のパイロットプランを積極的に実施して，都市，農村で新しい統一就業ルートを模索し，農村労働者の職業訓練を強化する。西部大開発政策のもとで西部労働協力区，中西部地区農村職業訓練基地を設立する。農村の労働力を，都市および発達した地区に合理的に振り向けるようにする。農村からの出稼ぎ労働者が帰郷して起業することを積極的に奨励し，出稼ぎ労働と帰郷後の起業という双方向の流動による就業メカニズムを構築する。都市部の労働サービス機関を発展させて，労働保障活動を農村地域まで徐々に拡大していく。

④各級政府の財政予算の中で，国有企業リストラ職員・労働者基本生活保障の資金規模を維持し，これを国有企業リストラ職員・労働者の制度が廃止されてくるなかで当面残されるリストラ職員・労働者達の基本生活保障とこれから増加するとみられる失業保険基金の不足分補塡，リストラ職員・労働者の再就業の促進に活用する。就業促進のための資金投入を増加し，労働力市場建設，職場の開発と職業訓練実施のために必要な資金を提供する。

(2) 職業訓練

①就業前訓練，在職中訓練および再就業のための訓練を大々的に強化する。就業準備訓練制度を全面的に実施して，進学しない中学・高校卒業生等の新労働力に対して，就業前に1～3年の就業教育および訓練を実施する。就業年齢を上昇させることで，就業能力と自主起業能力を向上させる。企業に在職している職員・労働者に対する職

業訓練および技能検定を強化して，職員・労働者全体の質的向上をはかる。再就業訓練を大々的に展開し，リストラ労働者が，再就業サービスセンターを離脱して，再就業およびリストラ職員・労働者基本生活保障制度から失業保険制度へ移行する過程をサポートする。第2期「3年1,000万」再就業訓練計画を実施して，1,000万人のリストラ職員・労働者に対して職業訓練を実施し，訓練のピンポイント性，実用性，有効性を強化する。放送およびインターネットを使った教育等の先進技術手段を充分に活用する。遠隔訓練教育を展開し，起業訓練と新興企業・業種に必要な職業技能の訓練を強化し，リストラ職員・労働者が一刻も速く再就業し，構造的失業の問題を解決できるようこれを促進する。

西部大開発政策の実施要求に適応し，西部地区労働者の職業訓練を大々的に強化し，労働者の職業技能構造の改善をはかることにより，西部地区労働力の職業技能の質を全面的に向上させる。

②職業訓練制度改革を加速する。社会化と市場化を発展の方向とし，「市場が主導する訓練，訓練が促進する就業」という体制の構築を推進する。配置の調整，レベルの向上，際立った特徴，サービス的職業という指導思想に基づいて，技術専門学校，職業訓練センターの調整と再編成を指導・推進し，総合的な訓練基地を設立して，社会の各方面において力量を多元的，多様に発展できる訓練を奨励・支援する。

③職業資格証書制度を全面的に促進する。社会全体において学業証明書と職業資格証書を同様に重んじる制度を実施するという中央の要求を完遂し，市場に向けて，範囲を拡大し，制度を完備することにより品質を向上させる。職業技能検定の社会化された管理という方向を堅持し，就業を政策に盛り込む方向で制度の構築と完成を徐々に行う。科学的管理を基礎とし，品質管理を前提とし，技術によるサポートを手段として，区県レベルから農村までをカバーする職業技能検定ネットワークを構築する。職業技能検定の対象範囲を拡大し，職業資格証書の社会的認識度を高めて，職業資格証書と学業証明書を同様に重視し，これを就業制度と関連づけていくものとする。

(3) 養老保険

①社会統一徴収基金と個人口座を相互に結合させるという原則に基づいて，都市部企業職員・労働者基本養老保険制度を整備する。国務院の「都市部における社会保障体系整備に関する試点方案」の要求に従って，企業が納めた費用はすべて社会統一徴収基金に納入され，職員・労働者の納めた費用はすべて個人口座に計上され，社会統一徴収基金と個人口座基金の個別管理を実行する。養老年金保険の個人口座データベースを構築してこれを規範化するとともに，条件を設定して，個人口座の実質的な運営を実現化していく。この制度の調整は，2001年に遼寧省および他省（自治区，直轄

市）の一部の地区で試験的に実施され，整備の途上にある。

②法令に基づいて基本養老年金保険の対象範囲を拡大する。都市部の国有，集団，外資，私営等の各種企業およびその職員・労働者は，すべて基本養老年金保険の対象範囲とする。養老保険基金調整制度をさらに強化し，社会統一徴収基金は，省，自治区，直轄市を単位として調整をはかる。また，適宜政府事業部門の基本養老年金保険制度の改革と整備を実施する。

③多層的な養老年金保険体系を徐々に構築していく。条件の整っている雇用者は，職員・労働者のための企業年金を設立することができ，当基金は市場化された運営と管理を実行する。企業年金は完全積立を実施して，個人口座方式でこれを管理し，保険料は雇用者と職員・労働者個人が納付する。これと同時に，個人貯蓄型養老年金保険を奨励する。

④農村の養老年金保険事業に真摯に取り組み，これを整備する。すでに展開されている農村の社会養老年金保険に対しては，これを整備，規範化し，状況を整理，処理する。また，中国の国情に合致した農村の高齢者保障方法を積極的に模索する。

(4) 失業保険

①リストラ職員・労働者の基本生活保障を失業保険制度にリンクさせる。2001年から，パイロットプラン実施地域の国有企業は原則として，再就業サービスセンターを新たに建設しない。企業で新たに人員整理の対象となった労働者は，原則として再就業サービスセンターには加入せず，企業が合法的に労働関係を解除した場合は，所属していた企業の失業保険の加入と法令に基づく金額の拠出により，職員・労働者は規定に従って失業保険の給付を受ける。すでに再就業サービスセンターに加入しているリストラ職員・労働者の基本生活および再就業協議書の内容は変更せず，協議書の期間が満了した時点で再就業していない場合に，規定に基づいて労使関係を解除し，法令に基づいて失業保険または都市住民の最低生活保障待遇を受けることができる。分類指導の原則に基づき，3年間かけて，各地区ごとに順番に失業保険とのリンクを完成させるよう推進していく。

②「失業保険条例」を全面的に完遂し，失業保険制度を完全なものとする。法令に基づく失業保険の対象範囲を拡大し，政府事業部門および外資企業，私営企業の失業保険加入を重点的に推進し，規定に適合する組織とその職員・労働者はすべて対象に含める。失業保険料の徴収を強化して，基金収入を増加し，基金のキャパシティーを増強する。

③失業保険の管理業務を強化する。基金の管理と使用を正しく実行し，基金支出を規範化することにより，失業者の基本的な生活を確実に保証するものとする。

④失業保険による失業者の再就業機能を発揮する。失業保険基金による失業者の職業訓練への使用と，職業斡旋補助費用の使用効益を高め，失業者がすみやかに再就業できるよう支援する。
　⑤リストラ職員・労働者の基本生活保障の予算資金規模内で，失業保険基金の不足分の補填を行うよう各級の財政手段の疎通をはかる。リストラ職員・労働者基本生活保障と失業保険のリンクの順調な実施を確保する。

(5) 医療保険

　①「国務院の都市部職員・労働者基本医療保険制度の設立に関する決定」を完遂し，都市部職員・労働者の基本医療保険制度を整備し，基本医療保険の対象範囲を着実に拡大する。基本医療保険料の徴収比率を合理的に設定し，経済発展水準に適合した医療保険料の比率調整体制を確立する。基本医療保険の所属地管理政策を確実に実行する。医療保険制度，医療機関および薬品の製造流通体制の3項目についての改革を同時に行い，合理的な医療費分担制度，医療組織の競争体制と薬品流通市場の運営体制を確立し，低額で良質な医療サービスの実現を目指す。
　②多層化した医療保障体系を構築する。離休者と老軍人の医療管理方法を完備し，彼らの医療待遇を確実に保障し，医療費還付の遅延を防止する。国家公務員の医療費補助を実施し，国家公務員の基本保険の範囲外で必要となった医療費を合理的に解決する。企業職員・従業員の高額医療費補助制度を実施し，基本医療保険の最高支払い限度額を超える医療費の問題を解決する。企業による補充医療制度を大々的に発展させる。このため企業が職員・労働者給与の4％以内を納付するが，これはコスト計上することを可能とする。社会医療救済制度の確立を検討する。条件の整っている職員・労働者には自主的に商業医療保険に加入することを奨励する。
　③基本医療保険管理を強化して，社会化された管理業務水準の向上をはかる。医療保険管理機構および管理制度を確立し，医療保険情報統計制度を整備する。基本医療保険用の薬品，診療項目および医療施設の管理方法を完全なものとして，労働者の合理的な診療，薬剤投与という需要を保証する。医療保険費の支出管理を強化し，基金の管理監督を強化して，医療保険基金の収支バランスを保証し，医療保険基金のリスク抵抗力を高めるものとする。

(6) 社会保険資金の調達と管理

　①社会保険料の全額徴収を実施し，徴収管理を強化して，社会保険基金に十分な金額の徴収を保証する。社会保険基金の社会徴収を規範化し，社会保障基金間の調整機能を増強する。

②財政予算支出構造を調整して，中央財政と地方各級財政の社会保障に対する支出を増加し，社会保障への支出が財政支出に占める割合を15％まで引き上げる。

③資金調達手段を開拓し，社会保障基金を補充する。国有株式の売却などによる資本市場での調達，国有企業の内外での株式発行による調達額の一定比率に基づく資金，宝くじの発行規模の拡大等多様な手段により，社会保障基金を充実させる。

④社会保険基金の管理水準を向上させる。基金の収支管理を規範化し，社会保険基金の徴収・支払いおよび運営を規範化・制度化し，公開，透明，安全，高効率なものとする。社会保険の給付対象を厳格に調整して支払い項目を規範化し，経済発展水準に適合した社会保険支払い水準を保持するよう努力する。

⑤実施可能な社会保証基金の投資運営方式を積極的に検討し，基金の価値保持，価値増加を実現する。

(7) 社会保険基金の監督

①社会保険基金の監督体系を確立する。健全な社会保険基金管理監督制度を確立し，法令に基づいて社会保険基金予算，決算，基金徴収，支出，残金処理および管理運営の全過程の監督を実行する。社会保障行政監督，社会監督および管理機構内の内部監督を強化し，基金監督査察の正常な機構を整備して，各種法規，政策の完全実施を保証する。

②社会保険基金の監督を強化する。社会保険基金管理，監督および投資運営規定制度を策定する。現場監督，非現場監督，基金管理リスクの評価および詐欺防止の方法を制定し，資金調達および徴収機関による徴収行為，社会保険事務機関による支払い行為，財政専用口座の管理行為および投資運営，社会サービス機関の運営状況について，監督を実施する。企業年金管理監督制度を確立して，医療保険監督を補充する機構を研究し，検討する。

③労働保障，財政，監査等の政府部門と雇用者，労働組合，専門家により組織された社会保障監督委員会を設立し，法令に基づいて社会保障制度の執行と基金管理状況の監督を強化する。

④財政経済規律を厳格に執行する。社会保障基金の独占，流用などを厳禁する。社会保障基金運営組織の資格許可制度を作る。法令に基づいて，職務怠慢，不正行為および社会保障資金の流用，差押さえ，支払い遅延等の行為に対しては，これを厳しく取り締まり，防犯に努めて基金管理上のリスクを解消し，基金の安全を保証する。

(8) 社会保険管理業務の公共化

①公共化された社会保険給付事業を実行する。基本養老年金は，全面的に社会保険

事務機関から委託された銀行，郵便局等の公共サービス機関から給付されるようにする。失業保険金は，失業者が失業保険事務機関が発行した証明書を持参し，指定銀行で受領する。基本医療保険統一基金が支払う医療費は，事務機関と指定医療機関，薬局が直接決済する。工傷保険，生育保険基金により支払われる医療費についても，事務機関と指定医療機関による直接決済を検討する。

②社会保険対象者の管理とサービスの公共化を推進する。パイロットプランを基礎として，徐々に雇用者から離脱した社会保障事務（社会保険事務機関，就業サービス機関の担当部分を除く）を，地域サービス機関に移管する。経済が発達し，社会化のレベルも高く，地域管理も規範化されたパイロットプラン実施地域では，定年退職者保険を雇用者から地域管理へ移管するルートと方法を積極的に検討し，2002年までには移管を完了させるよう努力する。他の地域においても条件を整えて，2003年までには上記作業を完成させるものとする。

(9) 企業による給与の分配

①労働と労働価値理論についての認識を深め，収入分配についての奨励と拘束の体制を確立して企業内部の分配制度改革を推進することにより，現代企業の給与分配制度を確立する。労働に応じた分配と生産要素に応じた分配を結合させた具体的な実施方法を検討し，職務別の賃金を主な内容とする基本賃金を策定し，資本，技術等の生産要素と収益の分配方法を検討する。一部企業については技術，特許品の資産評価（株式化）等の試みを実行し，条件の整っている中小企業については労働に応じた利益配当方法の試行を検討する。

国有企業経営者と技術者収入の分配方法を改革し，国有企業上層部の管理者，技術者の給与報酬を向上させる。年俸制を試験的に導入し，企業上層部の管理者の年俸収入とその責任，リスクおよび経営業績を関連づけ，技術者に対する収入奨励の方法と政策を積極的に検討することにより，当人達の労働価値を充分に体現するものとする。国有上場企業の責任者および技術専門の幹部に対して，オプション制度等の奨励方法を試行することを可能とする。経営者に対する収入分配の監督を強化し，収入源と経費支出を規範化して収入の透明性を増加する。

②企業における給与決定制度の改革をはかる。国有企業の給与決定方法改革を推進し，企業が，労働力市場と企業の経済効益に基づいて自主的に給与水準を決定する新制度を構築していく。非国有企業と部分的に改正された国有企業においては，多様な形式による給与合議制度を試行し，職員・労働者が給与分配決定に民主的に参加する方法を検討する。

③市場経済の要求に適合した企業給与分配の指導監督体系を確立する。最低賃金保

障制度と最低賃金基準の調整制度を整備し，企業が最低賃金関連規定を厳格に執行するよう監督し，中・低収入の労働者の合法的な権益を保証する。給与支払い制度を整備して，企業の給与支払い行為を規範化し，職員・労働者の合法的な報酬権益を保護する。条件の整っている地区では，未払い給与保障制度の設立を検討する。賃金指導ラインおよび労働力市場賃金指導制度を全面的に推進する。不合理な収入を整理して，高すぎる収入を調節し，賃金分配の透明度を増し，独占業種の収入分配についての監督・管理を強化する。収入分配に対する国家の税収による調整機能を強化し，収入分配の秩序を規範化する。

(10) 労使関係の調整

①国有企業におけるリストラ職員・労働者の労使関係問題を解決する。各地ごとに実状に適した具体的な政策と対策を策定しようと指導し，リストラ職員・労働者が再就業センターを脱退して労使関係を解除することにより直面する問題を解決し，3年前後の時間をかけて，リストラ職員・労働者の労使関係の問題を処理し，リストラ職員・労働者基本生活保障制度と失業保険制度のリンクを促進する。

②労働契約制度を確立する。各種企業における労働契約制度を健全なものとし，労働契約管理を強化し，労働契約の締結・変更・終了・解除行為を規範化する。非国有企業については，雇用行為の規範化とともに，合理的に労働契約締結し，契約内容を完全なものとすることにより，労働契約管理の規範化を推進する。

③団体協議および団体契約制度を大々的に推進する。外資企業，私営企業および現代企業制度を試行している国有企業は，団体協議および団体契約の制度を普遍的に実行する。平等な協議体制を完成し，協議手順と方法を規範化し，職員・労働者の民主的な参加を高めることにより，企業内部の民主管理制度の確立を推進するものとする。

④労使関係における三者協力体制の構築を検討する。政府労働保障行政部門，労働組合および雇用者により組織された国家級の労使関係三者協力会議制度を確立する。これまでの経験を基礎として，全国各地に地区クラスの三者労使関係調整組織を設立し，当該地区における重大な労働関係問題の解決をはかる。

⑤労働争議処理制度を完成させる。多段階の，そして，多形式にわたる労働争議調整制度を整備する。労働仲裁業務における三者協力の原則を維持しつつ，争議事案処理体制を確立して，労働争議仲裁組織の実体化と仲裁担当者の職業化を促進し，仲裁員の質の向上をはかり，コンサルティング・調停・仲裁等の労働争議の予防と処理についての総合能力を向上させるものとする。

⑥集団的なストライキなどの突発事件についての報告・監視・予防および処理業務を強化する。集団的な突発事件を予防するための管理責任者責任制および各種作業制

度を確立する。重点地区，業種および重点企業の監視力を強化し，当事者間で労働仲裁の手段により問題の解決をはかることにより，突発事件発生の危険性を解消するよう，積極的に指導する。集団突発的事件に対する処理能力を高め，対応策および処理方法をあらかじめ策定しておく。

⑦国家基本労働基準の改定作業を積極的に展開する。業種および企業集団が職員・労働者の定員基準の改定を行うよう積極的に指導する。企業が，国家および業種別基準に基づいて，企業内部の労働規則を制定するよう指導し奨励する。

4．支援と保障

(1) 労働および社会保障の法制化

①労働保障の立法化を加速する。「第10次5ヵ年計画」期間中に「社会保険法」，「労働契約法」，「基本養老保険条例」，「工傷保険条例」，「生育保険条例」，「労働保障監督検査条例」，「労働力市場管理条例」等の法令を公布し，これらに相応の付属法規を適宜公布するものとする。

②労働保障監察制度を完成させ，法令執行行為の監察を規範化することにより，法令執行水準を向上させる。労働保障法令執行監察制度を健全なものとし，日常における巡回検査・専門検査・民間からの通告による検査・関連部門との共同検査および年度末検査等の多様な方法により，法令に基づいて国から付与された監督査察権を行使して，社会保険料の徴収・労働力市場の秩序・労働契約および技術職種の有資格就業等についての監督検査を強化し，各種の労働および社会保障条例に反する行為を合法的に処罰し，法令の有効的な実施を保障する。

③行政司法監督制度を構築し，行政による再議・証拠聴取・行政処罰の合議による決定・法律審査・法令執行案件の評議等の行政司法監督を積極的に展開する。行政処罰，行政決定およびその他の重大な具体的行政行為の執行監督をピンポイントで強化する。社会保険法および関連法令の公布・実施に対応して，社会保険行政による争議処理制度を確立する。

④全面的，系統的に，労働および社会保険関係法規および行政法規の宣伝教育を推進し，労使双方の労働および社会保険法律意識を高め，労働および社会保障部門幹部の合法的な行政水準および法令に基づいた行政意識を向上させる。

(2) 労働および社会保障情報ネットワークの構築

資金ルートを開拓し，システム建設資金の投入を拡大し，インフラ建設を加速する。統一計画・統一基準の要求に基づいて，労働力市場情報システムおよび社会保険管理

システム建設を重点として，中心的な都市の就業サービス機関および社会保険事務機関におけるフロント業務のコンピュータ管理を実現し，資源データベースをすみやかに建設して，労働社会保障行政管理部門および就業サービス機関，社会保険事務機関等をカバーする情報ネットワークを構築する。

(3) 労働および社会保障統計

社会主義市場経済体制建設の要求に従い，新時代の労働および社会保障業務のニーズに基づいて，社会主義市場経済の要求に適応した統一規範を確立し，科学的で高効率的な労働および社会保障統計制度を構築する。統計指標体系を整備し，統計調査方法を改革して，サンプル調査を主体とし，重点調査・典型調査および必要に応じて全面的な定期報告書を補充することにより，多様な統計調査方法を有機的に結合した新型の統計調査方法体系を構築する。統計監督を強化し，統計情報を充分に活用して，労働保障関連法律・法規・政策の執行状況を監視し，科学的な政策決定のために，全面的で，正確，タイムリーな統計情報によるサポートを行う。統計情報現代化建設を加速し，統計情報処理および管理の現代化水準を高めて，統計情報のタイムリー性，正確性およびピンポイント性を向上させるものとする。

(4) 労働および社会保障についての科学研究

①労働および社会保障についての科学研究および科学研究成果の推進活動を強化し，理論研究，政策研究および応用研究を統合した労働および社会保障の科学研究体系を構築する。責任・奨励・拘束力・競争力のある科学研究新体制を確立し，競争機構を導入して科学研究者の積極性・主体性および創造性を充分に発揮して，科学研究成果のレベルと水準を高める。科学研究活動の主体性と先進性を強化し，労働および社会保障領域で，すみやかな研究解決をはかるべき重点と難問を掌握し，総合的かつ重要なテーマの研究を強化して，政策決定の科学化をサポートし，労働および社会保障事業の発展を推進する。

②科学研究への資金投入を拡大し，現有の科学研究者の役割を充分に発揮して，高品質の科学研究任務を完成させると同時に高水準で有望な労働および社会保障専門家チーム，特に大量のリーダーとなる中青年（30代，40代前半を中心とする）学識者をすみやかに養成し，より多くの中青年が科学研究の第一線の中心となる実力を有することができるようにする。

(5) 国際交流と国際協力

労働および社会保障業務の重点については，わが国の全体的な外交要求に基づいて，

労働および社会保障領域における国際交流と協力，特に社会保障領域における国際交流と協力の開拓に努力する。海外の労働組合およびその他の組織との間に安定的な協力関係を構築し，より多くの技術支援と国際援助を得るよう努力する。2国間交流と協力の範囲と程度を拡張し，他国の労働および社会保障領域における実績を吸収する。労働および社会保障業務の対外宣伝を強化し，労働および社会保障領域で，わが国の国際的な地位向上をはかる。国外就業の総合管理体制を確立する。

労働社会保障部弁公庁　2001年5月14日

索　　引

ア　行

医療費定額請負　11
医療保険管理情報システム　122
医療保険基金　49,108
医療保険給付費　123
医療保険財政　103,123,154
医療保険事務管理機関　118
医療保険制度試験都市　11
　　両江モデル　11,12,106
医療補助保険　111
　　大病医療保険　111
　　高額医療費補助制度　13
　　付加医療保険　112

カ　行

街道，居民委員会　152
隠れ債務　64,65,79
隠れ就業　136,137
合作（協同）医療　3,32
空口座　64,65,78,84,94,145
企業内退職待遇　139
企業年金（基金）　53,69,74,75,91,94-96,98,177
　　企業補充年金　5,8,9
企業年金拠出率　64
企業年金法　98
企業納付（率），企業の負担率　7,75,153,154
基金価値　66,70
基礎年金　7,71
基本医療保険（基金）　13,59,67,72,111,112,154
基本年金（基金，制度，保険）　3,5,41-43,51,63,64,67,68,70,71,77,92,93,98,156
救済扶貧互助貯金会　28
軍人保険基金（制度）　30

計画単列市　10
契約労働者（合同工）　158
工傷（労災）保険　26,153
郷鎮　29,44,45,48
公費医療制度　10,102,106
公務員医療補助制度　13,52,111
高齢者医療費　156
高齢者福利サービス施設　31
国有企業レイオフ職員・労働者基本生活保障　72,136
国有社会福利事業単位　29
互助共済制度　38
個人口座（医療），個人医療保険口座　11-13,56,107-111,118
個人口座（年金），個人口座基金（積立金）　5-8,35,56,64-66,68-70,72,77-79,84,91,95,96,143,150,151,156,157,175
個人貯蓄性年金・個人年金保険　5,8,69
戸籍制度　32,132
五保戸　3,29,32,38,40

サ　行

再就業サービスセンター　18,20-22,72,134,136,152
最低生活保障（制度，基準）　23-25,28,29,71,129
三無　29,40
失業救済金　16,17
失業保険（基金）　16,19,22,49,51,52,59,73,74,101,135,136,152,153
失業保険事務管理機関　22
失業補償金　140
失業率　132,133,134,178
ジニ係数　130

社会化徴収給付（支給）　4,65,152
社会救済（制度）　27-29,59
社会統一徴収（基金）　5,6,13,26,64,65,69,70,
　72,78,79,82,94,106-109,111,145,156, 157
社会福祉　162
社会福祉事業　171
社会福利機構　30
社会保険加入率　158
社会保険基金　42,50,66,158,174,175
社会保険基金投資管理人　90
社会保険基金連合会　165
社会保険業務センター　164
社会保険局　152
社会保険事務管理機関　3,4,27,51,56,70,81,94,
　119
社会保険制度　53,153
社会保険制度審議会　165
社会保険相談員　166
社会保険料　146,153
社会保障改革　63,147,153
社会保障カード（システム）　54,58,60
社会保障管理体制　173
社会保障基金　62,63,80,84,90,91,142,161,164,
　176
社会保障事務管理機構　67
社会保障情報ネットワーク　67
社会保障立法　171,172
社会優待　30,31
社会優待保障資金　30
社区（地域社会），社区センター　31,152
就業拡大　99
終身雇用制　163,168
修正積立制　166
収入格差　130,131
出産育児保険　27
出産育児保険基金　27
省級徴収（制度）　8,17,77
商業生命保険　178
商業年金　8
奨励基金　94
職員・労働者福利基金　10

所得格差　132
新規雇用創出　134
審計署　51
人口負担係数　178
人口高齢化　61,64,161,168,178
人口高齢化係数（高齢者比率）　103,168
身障者福利サービス施設　31
生育（出産）保険　153
生活物価補填手当　137
税金と費用徴収の改革実験　140
税制改革　146
税費改革　47,141
政府基金収入　44
全額納付支出　81
全国基金投資収益率　97
全国社会保障基金　83,142
全国統一徴収　82
全国保険福祉費用　41
総合予算管理制度　146

タ　行

退役医療保険　30,53
退役年金　30
待業救済金　14
第10次5ヵ年計画　99,100,147
退職　75,78
　繰り上げ退職，早期退職　76,137,149,
　150,175
退職者医療保険　106
代替率　69,78,157
中華人民解放軍軍人負傷死亡保険　31
中華人民解放軍軍人保険委員会　31
徴収納付率　76,85
調整金制度　8,10,19
　調整基金制度　77,82
貯蓄性年金（制度）　69,93
賃金代替率　170
通貨供給率　144
積立不足　76,79,81
積立方式　71,95,156
定額医療負担　106

索　引　　　201

低給与高福利　　148
定点医療機関　　118,119,121
定点薬局　　118,119,121
適格年金　　177
統一徴収単位　　77
登録失業者数　　134
都市戸籍　　32-34,133,158
都市最低生活保障（制度，基準）　　18,21,
　　23-26,53,73,74,135
都市職員・労働者医療保険　　53
都市年金制度　　66
都市貧困人口　　25
都市養老院　　29

ナ　行

年金改革（法案）　　85,169
年金基金　　75,85,89-91,135
年金審議会　　165
年金制度（改革）　　61,66,67,170
年金代替率　　64
年金保険（基金）　　49,52,136,150,151,153,154
年金保険料　　152
農業付加税　　47
農村合作医療　　37,38,43
農村合作基金会　　45,46
農村戸籍　　133,158
農村最低生活保障（基準，制度）　　36,40
農村社会保障　　32
農村年金　　32,35-37
農村貧困救済　　32
農村部の医療保障問題　　128
農村養老院　　29
農村養老保険　　37
農村余剰人口　　135
納付基数　　76,81

ハ　行

買断工齢　　139
非営利家庭サービス団体　　171
費改税　　145
費用差額納付　　81
費用徴収　　44,140-142,145,147
費用納付率　　65
貧困救済　　28,40
貧富の差　　131
賦課方式　　61,64,66,68,75,79,150,156,178
福祉年金　　166
福利基金　　94,102,153
扶養比率　　75,77,80,81
保険加入率　　81,85
保険基金事務機関　　49
保険機構　　118
保険事務管理機関　　57
保険福利費　　148,149
保険料納付期間　　157
保険料率　　167,170,176

ヤ　行

余剰労働力　　101,134
　　国有企業の――　　135

ラ　行

乱収費　　48
流通株　　89
流動人口　　133
労働契約制　　5,15
労働社会保険管理情報システム　　54
労働者災害補償保険審議会　　165
労働保険医療制度　　102
労働保険条例　　4
労働力市場　　20,101,132,133

編者略歴
大塚正修（おおつか　まさのぶ）
1945年　東京都生まれ
1967年　東京教育大学社会科学科経済学専攻卒業，野村総合研究所入社
　　　　財務開発部副部長，アジア調査部長などを経て，93年から現職，
　　　　主としてリスク審査及びアジア・中国問題の研究に従事。
現　在　野村総合研究所主席研究員

主要論文・出版
「アジアの発展とリスク」（野村総合研究所，1993年）
「為中国経済穏定快速発展的新建議，－加快経済体制改革及徹底解決目前経済困難与債務転換的利用」（"国有企業与銀行債務重組課題組"，1994年）
「銀行与企業債務重組研究」（中国経済出版社，1995年）
「未来中国証券市場的設想」（中国証券業協会，1996年）
「経済体制与不良債権処理」（中国金融出版社，1998年）
「国有企業改革的問題及其解決方法」（IBLAC, 1998年）
「政府的作用和制度環境的影響」（IBLAC, 2000年）
「弾みつく制度改革と経済構造の転換」（『中国WTO加盟の衝撃』日経センター編，日本経済新聞社，2001年）など。

中国社会保障改革の衝撃
―自己責任の拡大と社会安定の行方―

2002年11月15日　第1版第1刷発行

編　者　　大　塚　正　修
　　　　　日本経済研究センター

発行者　　井　村　寿　人

発行所　株式会社　勁　草　書　房
112-0005　東京都文京区水道2-1-1　振替 00150-2-175253
（編集）電話 03-3815-5277／FAX 03-3814-6968
（営業）電話 03-3814-6861／FAX 03-3814-6854
本文組版　プログレス・平文社・東京美術紙工

ⒸOTSUKA Masanobu, NIHON KEIZAI KENKYU CENTER　2002

ISBN4-326-50234-7　　Printed in Japan

JCLS　＜㈱日本著作出版権管理システム委託出版物＞
本書の無断複写は著作権法上での例外を除き禁じられています。
複写される場合は、そのつど事前に㈱日本著作出版権管理システム
（電話03-3817-5670、FAX03-3815-8199）の許諾を得てください。

＊落丁本・乱丁本はお取替いたします。
http://www.keisoshobo.co.jp

中国社会保障改革の衝撃
自己責任の拡大と社会安定の行方

2015年1月20日　オンデマンド版発行

編者　大　塚　正　修
　　　日本経済研究センター

発行者　井　村　寿　人

発行所　株式会社　勁　草　書　房
112-0005 東京都文京区水道 2-1-1　振替 00150-2-175253
（編集）電話 03-3815-5277／FAX 03-3814-6968
（営業）電話 03-3814-6861／FAX 03-3814-6854
印刷・製本　（株）デジタルパブリッシングサービス http://www.d-pub.co.jp

© OTSUKA Masanobu,
　NIHON KEIZAIKENKYU CENTER 2002　　　　　　　AI950

ISBN978-4-326-98193-9　Printed in Japan

JCOPY ＜（社）出版者著作権管理機構 委託出版物＞
本書の無断複写は著作権法上での例外を除き禁じられています。
複写される場合は、そのつど事前に、（社）出版者著作権管理機構
（電話 03-3513-6969、FAX 03-3513-6979、e-mail: info@jcopy.or.jp)
の許諾を得てください。

※落丁本・乱丁本はお取替いたします。
　　　http://www.keisoshobo.co.jp